FishCampLife北海道

アウトドアへの招待状

四季のキャンプとマス釣り旅

奥本昌夫

つり人社

マス釣りキャンプのためのまえがき

広葉樹に囲まれた美しい森の傍ら、山脈から流れ出る支流、その土手の上にキャンプサイトはある。マスのエサとなる水生昆虫が春から秋まで飛び回り、川のせせらぎがいつも聞こえる。静かな安らぎのキャンプ。透き通った流れは、見るだけでも心を安らかにしてくれる。静謐が、人の心にゆっくりと、確実に染みていく。

川にはニジマスやヤマメやイワナなどのマスたちがいて、流れてくる昆虫を食べるため水面に出ては、姿を陽光の下にさらしている。そのようすは、いわば自然が見せるドラマ。

「あの魚を釣ってみよう……」

身体は自然に動き出し、やがて自分の毛バリをくわえた魚を手にする。伝わる冷たい感触、生き物の柔らかさ、振動……。

その魚を食べてしまえば、自分の血となり肉となって「生きる」だろう。だが私は川のマスは生きたまま水に戻す。生きているマスは美しいとただ思うからだ。資源保護の問題ではあるし、感性の問題でもある。釣りは漁ではない。遊びだ。価値の伴う遊びだ。そして、自分の中に、魚を釣りたいと思う、そんな衝動が、心の奥にまだ残されていたことを知る遊びだ。

川に大きな魚はいるだろうか。楽しく、エキサイティングな釣りはできるだろうか。そう考えるだけでも心が躍るのは、人が内から湧き上がる人間としての力、本能がよみがえるからだ。自分にそんな強い意志があったのかと、驚きさえする。

魚が与えてくれる手ごたえは、ダイレクトに人の心を揺さぶり、理性や感情を超える喜びを与えてくれる。そこで得た感性や知性は鋭くなり、戻った日常でそのエネルギーを元手にすることができる。

キャンプの朝、涼しげな冷気のなか、目が覚める。温もりが欲しくなって、コーヒーを淹れる。曳きたてを飲みながら、つくづく文明は素晴らしいと感じる。質素で少ない用具だけで、人間らしい生活を失わずにいられることのありがたみも感じる。

コーヒーを飲みつつ、ゆったりとした「静」の時間を味わう愉悦も捨てがたい。だがそこにマス釣りを加えたら、まったく異なる「動」の衝動を呼び起こすことになる。

野山でキャンプすることから得られる安らぎ、それに加えて、釣りから呼び覚まされるのは、人間の強い意志。マス釣りキャンプという遊びは、自然が与えてくれる表と裏。深く自然と触れる合うための、異なる喜びと愉しみ。

その両面を体験し、生きる力を呼び戻してくれるのが釣りキャンプの本質だ。人間が生きていくうえで欠かざるべき糧。心の奥から湧き上がるチカラ。知らずのうちに、呼びかけられる衝動。だから我々は釣りキャンプに出掛ける。自分のキャンプを作り、自然の恩恵に自身を重ね合わせに出かける。

なぜ、釣りとキャンプなのか。なぜ、トラウトとも呼ばれるマスが相手なのか、なぜ、数ある釣りの中でフライフィッシングなのか。この本を読んでくれた方が、四季の移り変わりと共に変化する自然＝マスと、それに対応して変化していく釣り＝フライフィッシング、それにキャンプで自然に囲まれることの魅力と素晴らしさが、皆さんに伝われればと願っている。

目次

2 まえがき

北海道の四季とマス釣りキャンプ旅　初夏

13 密かなニジマス川のマッチング・ザ・ハッチ
26 北海道のエゾイワナ
34 初夏の渓流ウエットフライ入門

北海道の四季とマス釣りキャンプ旅　盛夏

42 ニジマスの森
50 ビッグドライとトレーラー
60 遡上アメマス～ダムからの差し上がり～
66 尺オショロコマ
75 ランガン式キャンプ
82 渚滑川と本の旅

道具類大公開

90 釣り具　夏・秋編
92 春・冬編
94 車道具
95 フィッシュキャンプ道具
98 ソロ・コンパクトキャンプ道具
100 料理

北海道の四季とマス釣りキャンプ旅　秋

103 秋のバッタキャンプ
110 復活の川
118 ガイド修行～オトコ2人のキャンプ旅～
127 スイングとドライと
133 解説・秋のライズフィッシング
140 ハチとミスマッチ

北海道の四季とマス釣りキャンプ旅　晩秋初冬

146　ストーブキャンプの癒し
152　イトウ戦記〜ＤＶＤ撮影秘話〜
165　「私の」イトウ戦記
172　解説・下りアメマスの釣り

北海道の四季とマス釣りキャンプ旅　春

179　春のハイブリッド・キャンプ
184　早春のアウトリガー
189　遡上アメマスをドライフライで釣る
194　春、「旅するマス」への旅
200　牡蠣とウィスキー
208　汽水のモンスターと原野キャンプ

FishCampLife 海外編

Flying Fisher のキャンプ旅

216　その１　〜空を翔け巡り、世界中を釣り歩く、ある種の呪いのような旅について〜
223　その２　〜いかにして、海外で釣りキャンプ生活をして過ごすか〜
227　その３　〜ここではないどこかの川辺へ〜

236　令和版北海道マス釣りチャート
238　あとがき

装丁　神谷利男デザイン株式会社
扉イラスト　神谷利男

足るを知る。

マスの泳ぐ河原で寝食をするだけでよく、
所持するものは、シンプルな物だけで事足りる。

自然は美しい。

凛とした空気と、鮮烈なる清水が
「生きる」を実感させる。

マスは賢い。

アフォーダンス。自然が密かに仕組んだ罠。
大口を開けるマスの捕食活動が
釣り人を引き寄せる。

孤独と分かち合い。

自然の中でのキャンプは、人間の弱さの記憶がよみがえる。
同じ世界で生きる仲間の大切さを教えてくれる。

身体を駆使する。

イトの先から伝わる振動に感動する。
知らずのうちに自身の底から生きる力が湧く。

マス釣りの旅は続く。

一つの釣り旅が心に刻んだ記憶は
次の旅へと誘う。永遠に。

初夏

EARLY SUMMER

密かなニジマス川のマッチング・ザ・ハッチ

ライズのささやき

「北海道に〝マッチング・ザ・ハッチ〟の釣り場はないのか？」この問いは、日本中にフライフィッシングブームが訪れた90年代以降、多くの釣り人の関心の的だった。当時、雑誌『FlyFisher』には、米国モンタナ州などを始めとする本場のスプリングクリークやダム下を流れるテイルウオーターで、短時間に変化する水生昆虫の羽化とそれを捕食する野生化したニジマスとのやり取りが紹介され、それらは単純に「釣り」と一括りにできない魅力にあふれていた。

　それを簡潔に説明するのは難しい。強いていうなら、「起きている自然現象を理解して同化し、マスに一騎打ちの勝負を仕掛ける」だろうか。たとえばこんな光景だ。

　マスが水面のエサを食べる波紋＝ライズを見つけ、そこに食べているエサと同じような毛バリ＝フライを届ける。水面を流れるカゲロウなどの水生昆虫を食べるために、マスは水面に口先を突き出して静かに波紋を浮かべる。ライズだ。そのライズが広い川のあちこちで起きている。マスたちの宴である。これを目撃したフライフィッシャーはたいてい小躍りしてしまう。誰でも熱くなる光景なのだ。「全部頂きます」とばかりに、ライズに挑戦するだろう。だが大きな魚ほど経験豊富、賢さに磨きがかかった大ものは、本物とフライをいとも簡単に区別する。成功すれば、魚のバイブレーションが腕から身体の芯まで伝わるだろう。だますか、だまされるか。打ちのめすか、打ちのめされるか……。そのシーンの、判定のすべてを、自分自身が目撃するのである。

　言葉にしても難しそうなこの行為は、確かに高度な技術と経験が必要だが、何よりも身体性に基づく限りなくスポーツに近いこの遊びは、一度体験するとその記憶が身体に刻まれ、忘れることができないようになっている。薬物など可愛い物だと錯覚するほどの強烈な享楽を体験してしまうのだ。この体験は、釣り人をアフォードする。つまり何度も何度も、呼びかけてくるのだ。さぁ、来なさい。来て私に挑戦しなさい。そんな言葉が聞こえるようになる。

　ここでは目の前にライズがあると想定して、具体的に記そう。

　まずはフライを選ぶ判断。次に自分が立つポジションの選択、フライを正確に落とすキャスティング技術、フライを自然に流すためのライン処理技術、フッキングさせて抵抗する（ファイト）大型のトラウトとのやり取り……。これらのすべてが「マッチング・ザ・ハッチ」の攻略に必要な行程だ。最初のフライ選択を除けば、あとはほかの釣りとも共通。つまりフライの選択、そのフライを用意しておくことが、マッチング・ザ・ハッチにおける最重要課題だ。

それは、どのようなな虫がいて、どのような虫をトラウトが食べるかという「自然観察」に直結する。詰まるところ、それ抜きに、マッチング・ザ・ハッチの釣りは成立しないのである。なんでもいいから、釣れるフライだけほしいと思う釣り人には、残念ながら基本から考え直さないといけない。なぜ、面倒なフライフィッシングなどするのか？と……。

海外にはどこにでもあるというわけではないが、やはりメッカと呼ばれる川がある。また非常に高度なスキルを要求もされる。だが毎年、大勢の釣り人が訪れるのだ。難しい＝面白いという価値観を共有しているからだ。そこでは、何でも釣れる魔法フライは支持されない。

そんな釣りが出来る川が、北海道のどこかに存在しないか？　当時の道内在住のフライフィッシャーはそう考えたようだが、該当する川は存在しないという結論だったように思う。川はなかったが、一部の湖ではモンカゲロウの羽化期は、似たような形態を持っていることが分かり、日本中から多くの釣り人が訪れた。フライが合っていなければトラウトは食わない、そういう貴重な体験を多くの人がした。河川においては目立ってそうした川は見つからないということだったが、実は一時的、局所的に、羽化とライズが起きる川、場所、場面といったほうが適切だろうが、あるにはあったのである。それは流動的で、今年はよいが、翌年には消えてしまう可能性をいつもはらんでいる。

十勝のある支流で

２０１０年代も後半に差し掛かろうとしていた、ある年の6月下旬。それまでも何度となく訪れていた十勝地方のある支流でのことだ。その川の中流域は落差が少なく川幅が広い。高木に覆われた森が随所にあるが以前に比べると森の数は減り、代わりにデントコーン畑が増えていた。粘土質のような湿地が多いせいで川の流れはいつもやや濁っている。青い美しい川が好きな人はみな日高山脈の川へと向かう。

だが、砂礫《されき》の河床、岩や大石が少ない川だが、森から贈られる落ち葉や腐葉土のおかげで、水生昆虫はすこぶる多い印象だった。いわばトラウトリバーという名にふさわしい渓相ではあるのだが、肝心のトラウトの数がどうも安定していない。ウグイしか釣れないこともあった。なのでそれまでの20年間、いい時もあるが悪い時もあるという位置づけの性質。しかも川幅のあるポイントが多く、ねらい所の絞れない川という印象だった。古くに発行されたガイドブックには「ウエットフライに向いた川」という記述もあり、当時から広く探るスタイルが合うとされていたのだろう。

ところが、である。私が訪れたその日

50㎝台半ばの幅広レインボーが、小さなスポットで静かにライズしていた。流れる水生昆虫にフライパターンを合わせ、的確に流れに載せてマスの居場所へと届ける。その報酬は見事なジャンピングレインボーだった

は初夏の晴天、涼しかったが、雨がしばらく降っていないせいか水位も低いように思えた。ヒゲナガカワトビケラがパラパラと岸辺を飛んでいたので、マーチブラウンを結び、広い瀬を全体に探る魂胆であった。ダウンクロスで下流へと下りながら、深場のポイントへはナチュラルドリフトで縦に送り込み、ラインが伸び切った状態からスイングへと移行するという、実践的なウエットフライである。これまでも実績のあるポイントだったのですぐにコンタクトがあった。縦へのドリフトが終わり、スイングが始まった瞬間に手元に伝わるググンという手ごたえ。サオを立てて合わせると、真横に走り出す。ニジマスだ。そう大きくはないな、35㎝くらいか。

肌のきれいなニジマスをリリースして、バンク際に腰かけて一服。腰に下げた保温ボトルから今朝入れたコーヒーをひと飲み。さあ、次はさらなる大ものをと立ち上がりかけたとき、10mほど下流のバンク際でひときわ大きなライズ、巨大な波紋が目に入った。

「何か、落ちた？」

じっとして見つめているとふたたび、

「ゴフッ……」

明らかに大ものと分かるライズ。

「何か、食っている……」

ウエットフライに結んだティペットを切り、何が流れているかと水面を凝視してみるが、目立ったカゲロウは流下していない。だが茂みの中からパラパラとヒゲナガのアダルトが飛び回っていて、ときどき水面に張り付いている。これしかないだろう。

ヒゲナガカワトビケラ風のマドラーヘッドのフライ、6番サイズ。ボディーは他の川では有効だったUVカラー入りのニンフ用のダビング材。地味なブラウンだが不気味に輝くシロモノだ。

これをポイントの上流側7～8mの位置に立ち、バンク際ぎりぎりのもっとも緩いレーンに流し込む。アイダホのヘンリーズフォークで覚えたワザは、しかしもっと小さなフライだった。ここではロングシャンクの6番、果たしてこれほど大きなフライで効果があるか？　いや、あるのである。

大きなトラウトは警戒心が強く、上流側の視界には入っていなくても、彼ら釣り人がいるという気配だけで、水面に出てくるような大胆なことはしなくなるものだ。流し込むタイミングを待つと、間もなくまた大きな波紋のライズだ。今度は潜る瞬間に背中が見えた。かなり大きなニジマス。間違いない。

そいつがまだ警戒する前に、すぐにフライを流し込みたい。位置ははっきりと目に焼き付いたので、そのライズ地点の1・5mほど上流へとフライを落とし、サオを一旦立ててラインを張る。フライまでまっすぐになったら、その地点に流れ込むようにサオを倒してフライを送り込む。これでしばらくは自然に流れてくれる。うまくいくはずだ。

そしてフライは、吸い込まれるように「ジュボッ」と音を立てて消えた。すぐにサオを立てて合わせる。思わず、

「重い！」

と口走ってしまうほどの重量感。そいつは疑いもなくフライを食った。まさか、ハリが付いているとは思わなかったろう。これこそ会心のマッチング・ザ・ハッチというやつだ。

さすが大ものニジマス、バンクのエグレに逃げることなく、バンクから離れて広い瀬の中を疾走した。質素なクリックブレーキのリールが、あまりの速さにバックラッシュするのではないかというほどのスピードだった。

「すげぇのが掛かったぞ……！」

この間、釣り人はただサオを抱えて止まるのを待つしかないのだが、嬉しさと不安とが入り混じったような感覚だ。大きなフライなのでティペットは3Xと太め。切れてしまう心配はあまりないのだが、ラインがたくさん出ると水圧が掛かって思わぬトラブルにもなる。腰近くまで流れの中に浸かってのファイト、こちらも簡単には身動きは出来ない。

「ランディング出来る場所はどこか？」

最初のひとっ走りが終わって膠着《こうちゃく》状態になると、少し冷静になって周囲を見渡すことができた。段差のあるバンク際は無理だ。となると遠い対岸の浅瀬か。流れ

水温の低い季節のニジマスは、流れの緩い場所で水面を流下するエサをとる。フライフィッシングの醍醐味を堪能できる最高の季節

の強い瀬の中心部を渡るのは大丈夫か？

少しずつリールを巻きながらラインをたるませないようにして、深場の足元を確認しながら川を渡る。魚はやや下流の大石の下流側に陣取って、もしかすると反撃のチャンスを待っているのかもしれない。あまり時間はかけられない。流れの強い場所を渡るときは斜め下流に向かって、少し流されるような気分で足早に渡る。大丈夫、深みを越えた。あとはラインを回収しながら、じりじりと寄せるだけだ。

ランディング直前になって、ネットを見た魚は二度三度と少し走って逃げ回ったが、無事にネットイン。

「おお、やった……」

思わず安堵の唸り声をあげてしまう。ネットの中には、幅広の60㎝ほどのきれいなニジマスが入っている。ネットに横たえると、そのきれいな姿が完ぺきに近いメスであることが分かった。

全体的に幅が広く背中から尾ビレにかけて、流線型の均整の取れたいわゆる砲弾型。メスはオスよりもスピード感があるといわれているが、この筋肉質の見事なボディーなら、確かに速い川の流れもものともせずに疾走できたのだろう。

会心の釣りに会心のトラウト。このシーズンから私の初夏を釣りキャンプで過ごすエリアが決まった。

モンカゲロウの年

翌年はさらに早い時期から訪れ、もっとすごい光景も目にすることになる。

その年は、雪解け水による増水が早く終わり、低水位と好天に恵まれた春のおかげで、5月中旬からすでに小型のコカゲロウ、少数だったが目立つオオクママダラカゲロウの流下が始まっていた。水面上ではあまり見えなかったが、曇りの日には相当数のカディスのハッチもあり、周囲の小枝には14番サイズのカディスが群がっていた。キャンプは5月15日から始めた。近くの町にひなびたキャンプ場があり、営業はしていなかったが無理をいってキャンプをさせてもらえるようになった。施設は古くて粗末だったが充分である。

川のハッチは、とりわけモンカゲロウが始まると俄然、面白味が増した。10番前後の巨大なメイフライ、明るいクリーム色も相まって、水面を流れていると遠くからでもはっきりと見える。それが「バクンッ！」と食べられる瞬間もあちこちで目にした。

この年はかつてないほどの量がハッチしていると、近隣のローカル・エキスパートたちも興奮気味に話している。やはり当たり年だったのだろう。しかも5月下旬から6月後半に至るまで、ポイントを選べば、かなりの羽化が見られた。

トラウトが目の前で食べている虫をイミテートしたフライで釣る。フライフィッシングの最大の醍醐味、世界中でフライフィッシングが広がった理由は、まさにそこにあるはずだ。盲目に投げて釣ったモンスターは、確かに同じ嬉しい釣果だが、偶然性をどうしても排除できない。ありとあらゆることをした結果というよりは、AさんでもBさんでも順番が違っただけではないと、どうしても言い切れない曖昧さが残る。だが、見えている魚は違う。多くの場合（それでも曖昧さはゼロではないが）、成果は目に見えて分かるし、悪かった点はだいたい把握できる。同じフライフィッシングでも全く違う価値がある。つまり価値観の釣りともいえる。だがそれを支えるのは、科学的な根拠によるところがまたほかと違うのだ。

ある釣れた魚の胃から、ストマックポンプを使って内容物を取り出すと、彼らが何にご執心だったのかが分かる。メイフライ、とりわけ水面で羽化するタイプのマダラカゲロウは食べやすいご馳走である。これが羽化しているときはトラウトもライズしやすい。また、数日前に羽化して、産卵行動を終えた成虫＝スピナーの流下は、短い間に一気に水面を流れる傾向があるから、水面直下に張り付いてまさに「ムシャムシャ……」と音を立てるかのように連続ライズする。しかもオオクママダラという大型種なら、ライズしないわけにはいかないというメイフライなのだ。だが、スピナーパターン

魚の居場所が分かるシーン。なぜそこにいるのか、季節による変化はないか、何を食べているのか……。トラウトは自然の在り方を我々に教えてくれる

川辺のアシに止まっているモンカゲロウの亜成虫。初夏のマスたちの最高のメニュー

は両羽根を広げたスペントタイプが有望で、このフライがあるかないかで大きく釣果が変わってくる。賢くなった大ものはいとも簡単に見破るからだ。

ハッチの集中時間は正午から午後2時くらいがピークだった。天候が悪くて湿気の多い日の午後は長めに続くことがあるが、あまり朝早くから羽化が始まることは少なかった。ヒゲナガのピーク週間（例年だと6月15日前後）になると、朝は前日にハッチしたアダルトが水面を走り回る光景を目にする。メイフライが中心の初夏の初期は午後が中心だ。

だから夜討ち朝駆けは必要なく、夜と朝方はテントサイトでフライを巻く格好の時間。キャンプには必要なタイイングのキットとマテリアル一式、最近は目が悪くなってきたので拡大するLEDルーペも。亡くなった先輩の形見でもあるが、現在はキャンプ場専用で使用している。LEDの電源は、ソーラーパネルで充電したポータブル電源だ。

タイイングはレシピ本や動画を見て手順どおりに作るほうがオリジナルに忠実

広い川のどこかにライズする大ものがいるはず。流れは、自然をよく観察し、先入観を捨て去ることの大切さを教えてくれる

に出来るが、キャンプで巻くフライは、「本物」がサンプルだ。昨日食べていたマダラカゲロウをフライボックスに入れて、それを見ながら、特徴を生かして作るのが一番だ。本物のマダラカゲロウの形は、想像以上に体長は短くズングリとしていて、広げた羽根は本体の倍もある。自宅で作るときはバイアス(先入観)があるのか、本物以上に長いボディーを作りがちだ。できるだけ本物のシルエットに近づけたほうがよいと思うのだ。

　その日の午後、同じプールのバンク際には50cm前後の良型レインボーが、なんと5尾以上も並んでライズしていた。30cm前後の小型も周囲にいるようだが、もちろんねらってはいけない。周辺で暴れられると、警戒心の強い大ものたちはバンクの下に隠れてしばらく出て来なくなるからだ。どれがねらうべき個体なのか、しっかり見極める必要がある。慣れてくると、ライズの形状でどれくらいの大きさなのかある程度分かってくる。

　特に水面のダンを食べるライズフォームは見極めるのが簡単で、とがった頭が出ていたり、太い背中がこんもりとせり出したり、大ものはライズそのものも重量感がある。実はテイルが見えるときは多くの場合、せいぜい35～40cmサイズであることが多い。おそらく重量と全長のバランスのせいなのだろう。胴体が短いせいか、あるいは軽くて浮きすぎるせいか、浮上したあとに最後にテイルが出てしまう。60cm近い大ものならそうはいかない。もっともスーパーが付くような超大ものニジマスはこの川にも数尾しかいないだろう。なにせ成魚放流などされていない川なのだから。

　それにしても、この年はモンカゲロウが多い。川でも湖でも当たり年というのはあるものだが、例年だと数日で沈静化してしまうハッチが、もう1週間も続いている。逆にオオクママダラやヒゲナガはちょっと数を減らしているようだった。やはり安定したハッチは北海道では難しいのだろう。

　最初にモンカゲロウを見た5月20日からのハッチは、下流部から始まり、１週間後にはあちこちで起きていたが、２週間後にはさすがにどこでもというわけにはいかなかった。唯一、初期から調子のよかった広い砂礫のプールポイントでは、連日、何尾もの良型レインボーのライズがあった。ほぼ、というのは、さすがに15日頃からは、日差しの強い日はハッチが減り、ライズも散発になっていったからだ。

　この川では自然産卵の個体が多く、虫の捕食を中心に成長するので大きさは最大でも50cmくらい。そのあたりで成長が止まるのか、それ以上のサイズに出会うのは希だ（もちろん数尾のモンスター級は潜んでいるが……）。何十年もこの川で釣りをしてきたローカルのエキスパートの方たちも大体同じ意見で、しかしそれでよいと誰もが思っている。エサとフライをえり好みする50cmのレインボー。広くポイントの多い川では釣り人同士の摩擦も少ない。知る人だけが知る川でいい。

「次のドラマ」を探して

道内各地にあるいくつかのニジマス河

ネットに簡易メッシュを取り付けて流下する昆虫を調べる。探究心はフライフィッシングの深淵に導く導火線だ

ヒゲナガカワトビケラは初夏のトラウトに長期にわたって栄養を与え続けてくれる存在

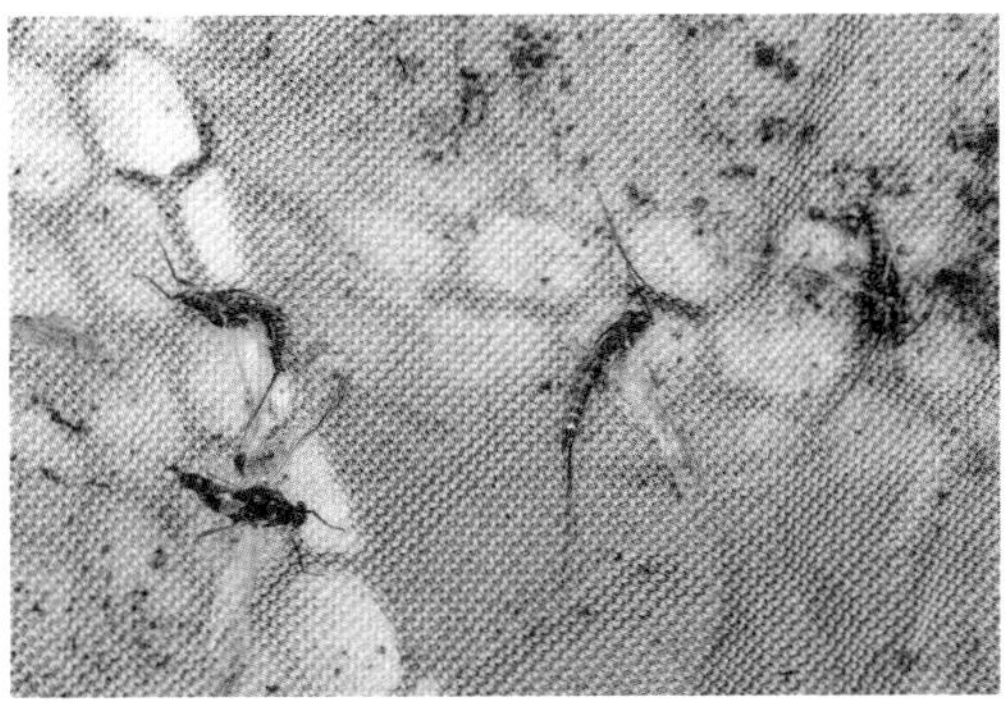

カゲロウのスピナーが盛んに流下しているのが分かったので、これで戦術を練ることが可能になった

初夏、小川の流れる河原のキャンプサイトにて、マッチング・ザ・ハッチの日々を過ごす

川では、定期的な成魚放流がなければ資源を維持できないのが現状で、決して数の多い川にはならない。そのため釣り人が少し増えるとポイントの奪い合い、摩擦が起きて、釣り場としてあまり健全ではない状態にもなる。後から来てポイントを奪われたり駐車スペースを独り占めしたりと、不愉快に思う人も増えるだろう。

また、情報に頼りすぎ、それを鵜呑みにして釣り場を選んでいくと、同じような釣り人が集まることにもなり、つまらない釣り場になってしまうこともある。自分の足で探し、自分の感性を磨き、もちろん釣りの技術と経験を重ねることは、自分の釣りの世界を押し広げることにほかならない。自分の世界観、素晴らしいと感じる心は、経験の積み重ねでより強くなるものだからだ。

切ないことに、そうした素晴らしい場所は常に失われる運命だ。よき日から数年後には、魚がいなくなるとか、地形が変わるなどで突如、消失してしまう。珍しいことではない。だがなくなれば、ま

キャッチ＆リリースは資源維持の有効な方法の一つ。
魚がいる川がいいか、少ない川がいいか。釣り人がその
答えのどちらを支持するかは自明というものだ

た探せばいい。簡単には見つからないかもしれないが、そうして変遷を経ていくのは多くの先人が経験したことだ。

プロガイド兼ライターとしての日々は、そうした不安定でありながらも、出来るだけ釣果の見込める川やシーズンであるのは当然のこと、やはりハイレベルな満足度の釣りを提案、提供することが肝心だとも思っている。釣り人、フライフィッシャーが何を求めているか、何が面白いと思うのか、そこには普遍性というものが、間違いなくあると思っている。古くから伝わってきた、多くの人が世界中で楽しんできた釣りには、やはり普遍的な価値があると考えてよいはずだ。

川で毎日繰り広げられるドラマ。日々の変化、虫たちの羽化とマスの行動は、観察に長い時間をかけることでさらに磨きと、奥深さを感じさせる釣りとなる。ソロで訪れる場合でも、仲間と共有し合う場合でも、それぞれに見合うだけの「悦楽」を手にすることも、間違いない。そのすべてにおいて、我々は魚に導かれていると感じるのである。

北海道のエゾイワナ

イワナの渓谷

ベースキャンプにした下流の河川敷のキャンプ場を朝出るときには曇り空程度だったが、山奥深く車を進めると、やがて霧雨模様になってきた。この地域は南東風が吹くと雨になりやすい地形らしい。

地形図にあった砂防ダムから川に降りる。すぐサオをだすと、小さな淵の反転流から、いきなり27～28㎝はありそうな良型が出てきた。見た目には普通のエゾイワナと変わらず、小さめの白点のみ。斑点が小さい。河川残留型の特徴だ。しかしその魚以外は何も反応はなく、やはり数は少なそうである。

ダムに魚道はなく、標識に竣工は昭和39年とある。つまり降海したイワナがアメマスとなって帰って来ても、これより上流へは行くことはできなくなって、すでに50年が経過している。河川残留型は通常オスが中心であるが、ここではメスも残るのだろう。おかげで繁殖は繰り返されてきたことになる。北海道の川ではイワナの放流は行なわれていない。ヤマメなどに比べると人気はまったくないといっていいほどで、好んで食べる人も少ないからだ。だからいったんいなくなると回復は見込めない。

砂防ダムから上の渓相はまさに深山幽谷と呼べるような、深い森と険しい峡谷だった。水量は少なく徒渉に苦労することはなかったが、薄暗く蛇行が続く渓の奥からは、何ともいえぬ不気味な雰囲気が漂ってくる。もっとも注意しなければならないのは、ヒグマである。

道南地方は、実は一番人間とヒグマの接触の多いエリア。古くから現代に至るまで事故も絶えない。ひと山越えた別の川では釣り人の食害事件も発生している。私は腰に2種類の大きなベル卜鈴をつけ、ときおり大声で「おおーい！」とか「行くぞー！」などと叫んで歩いて、ばったり会ったことは一度もないが、それは単にヒグマが隠れて出てこないだけで、実は近くにいる可能性が高いと、常に考えている。不気味な雰囲気がするのは、得てしてそんなときなのだ。

砂防ダム上の魚影は想像どおり、やはり少なかった。その代わり良型揃いである。流心脇の反転流の深みが特等席で、ここから出てくるイワナは8寸から尺前後。ドライフライよりはニンフに反応がよかったのは、水中を流れるエサのほうが効率よく食べられるからだろう。

またこの川特有の、というわけではないだろうが、他の川で経験してきたより

典型的な白斑点のエゾイワナ。海に降りず川で成長をするアメマスでもある

フキを食べている食物繊維も豊富なヒグマの糞塊。ヒグマ対策は準備を万全にしても、釣行時には身が引き締まる思いがする

霧の覆う深山幽谷。道南松前半島の知内川を遡る

も良型のイワナの引きは格別に強く感じられた。最初掛かったときは「あれっ？ニジマス!?」と少しドキドキしたが、イワナの顔を見て安心した。見た目に変わったエゾイワナはおらず、どれも見間違うことのない正真正銘エゾイワナの姿だった。

　ところで、ここを訪れるまで川の源流部にその名跡があるとは思っていなかった。釣りとは無関係なのだが、釣行中どうにも気になったので特に記しておこうと思う。

　初日の探索中、源流部への林道のどん詰まりの駐車場に着き、登山道がよく整備されているのを不思議に思って、何気なく観光用の地図を眺めてみると、その名跡を見つけてしまった。いや、事前に地図は見ていたのに、それまで気が付かなかったのだ。

　その名跡とは、いや、名跡などといったら罰が当たるかもしれない。大千軒岳の麓、「エゾキリシタン殉教の地」と書かれていた。

　北海道で少年期を過ごした人なら、社会科授業で必ず習う歴史上の惨事。大勢のキリスト教徒がここで殉死した、いわば血塗られた悲劇の地なのである。

　詳しく調べてみるとその内容の凄惨さが分かる。ときは今から４００年近く前の１６３９年夏。当時の松前藩（現在の松前町）である藩主は、幕府の島原の乱によるキリシタン締め付け強化の命を受けて、役人と数百名の兵により隠れキリシタンを捜索、大千軒岳周辺の集落と山麓の金鉱集落にひっそりと住んでいた男女合わせて１０６名を斬首する。十字架の前にひざまずく男女の首を一人一人斬りおとしたという。江戸幕府から逃れ逃れてきた蝦夷の深山幽谷は、決して安住の地ではなかった。

　この川の源流部の渓谷に当時は砂金掘り目当ての大きな集落が形成されて、一時は千軒を超える小屋があったという。事件の翌年に近くの駒ケ岳で大噴火があり、地震津波と周辺に大被害を及ぼしたとされ、それがキリシタンの祟《たた》りだと囁《ささや》かれたともいう。砂金も取りつくされ千軒の集落もやがて廃墟となったようである。源流部まで行くとその跡地が若干残っているらしいが、今回はその地へ踏み入る気分にはなれなかった。

　２日目の午後にやや雨脚が強くなり、谷はさらに霧深く先が見通せなくなった。

　深山幽谷とは人跡未踏のような深い山奥という意味である。知らずに来たら、そんな言葉こそ相応しいと思えたが、山間の渓谷は実は江戸時代に一度開拓されてその後、悲劇と共に廃れてしまった場所でもあった。おそらく、多くのイワナたちも彼らの大事なタンパク源になっていたことだろう。今のようにダムがなく多くのサクラマスやアメマスも遡上していたはずである。絶やされることなく生き残ったエゾイワナは、今も細々とこの川で命脈を保っているようだ。

深い谷の渓

　スギの大木が整然と並ぶ涼しげな森。あまり馴染みのない景色。北海道ではスギの大規模な自生地はない。だから整然

山中のキャンプ場はヒグマ出没により閉鎖。下流部の河
川敷のキャンプ場をベースキャンプにイワナ探索

と並ぶスギ林を目にすると、やや大げさな気分で、「別天地に来たのだな」などと感慨深くなる。

川を上流へと遡ってみると、やがてスギはブナやハンノキの広葉樹に変わる。樹冠の広い広葉樹は、谷全体を覆って鬱《うつ》蒼《そう》とした森を作っている。曲がりくねった樹木や枝が淡い新緑の葉を広げ、強い日差しを遮り、谷底の渓は涼しげに見える。この渓谷に自生する木々は、数十年から数百年の時を経て、人間がやってくる前からここで渓を見続けてきたはず。ということは、渓の主役たるイワナたちを見守ってきたということになる。この渓には一風変わったイワナたちが棲んでいるのだ。

深く狭い渓谷を降りてみると、すぐに最初の1尾を見つけた。夏枯れ気味のやや水量の少ない、しかし鮮烈な清流にはっきりと魚影が見えた。尺までは届かないようだが25㎝は超える良型のイワナが、瀬尻の緩い流れに身をゆだねて、右に左に小さく揺れながら、流れてくる小さなエサを夢中になって追っている。

十勝南部や道南、道央地方に尺サイズに届くエゾイワナが生息する。白斑点のエゾイワナだ

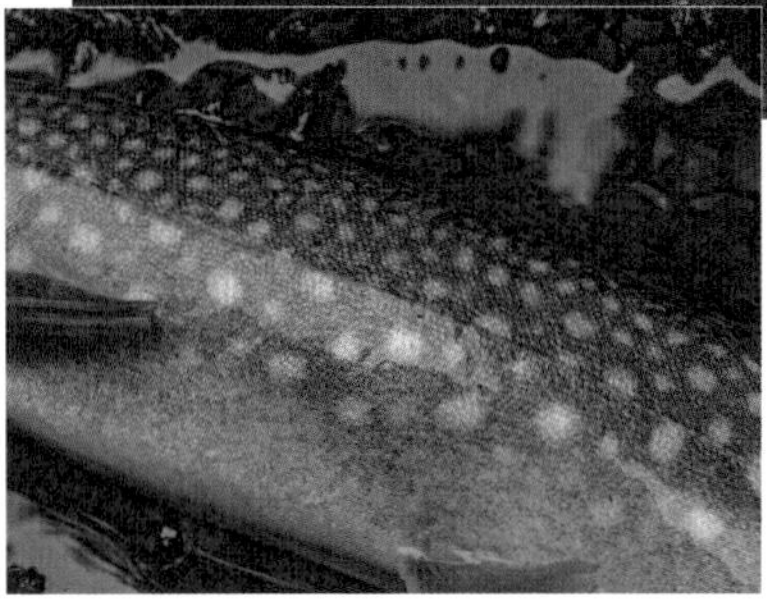

河川残留型は降海型に比べると、白点が小さいのが特徴

５ｍほど下流側からバルキーなエルクヘア・カディスを投げると、みるみる浮上して、ほとんどためらいもなくフライに飛びついた。気難しい魚ではなかった。やや錆びついたような黒っぽい魚体、白い斑点の典型的なエゾイワナ＝アメマス・タイプ。写真を撮らずにすぐ逃がす。緩い場所で休んでいた弱った魚だったのかもしれない。

本命ポイントの深瀬には、外からは見えないところにコンディションのよいイワナがいるに違いない。流れの筋であるバブルラインには、小さな白泡やゴミに交じってエサとなる昆虫類も流れている。流速のある流れは、エサが流下する量も多い。それが流れの筋、あるいはそのすぐ脇に魚たちが集まる理由だ。力関係から大きな個体ほど、そのポイントで一番よい場所にいる。

やや暗いボディーのダウンウイングのフライに替え、本命の深瀬を流す。1投目からフライに飛び出したのは、遠めからでも分かる良型。すぐには計らなかったが尺サイズを超えているようだった。

両脇から岩壁迫る峡谷。エゾキリシタンもこの谷を逃げ延びただろうか。砂防ダム上のエゾイワナは細々と生き延びている

だが私の目を引いたのは、そのサイズばかりではなかった。ネットに収め、写真を撮ろうと改めて眺めたとき、私は自分の目を疑うことになったのだ。

茶褐色の背中に虫食い模様と小さな白点、そして下半分には、見事に小さな淡い朱点の粒が広がっている。淡い朱点が下半分に広がり、背中の虫食いもより細かなイワナ。明らかに通常のエゾイワナとは異なる。

「おおっ、これはニッコウイワナか…？」

実はこの手のイワナが北海道内の一部の地域に生息しているようだ、という内容の本を読んだことがあったからだ。どのような理由なのかはよくは分からないが、これも北海道に生息するイワナであることは間違いない。実際に手にすると、ただただ驚きと目新しさだけがあった。

道南、小枝をかいくぐって小滝の落ち込みへフライを投じる

すぐに現われた朱色の着色斑点のイワナ。背中は虫食い模様と小さな白色系の斑点、側面にいくにしたがって着色している

見事に染まった斑点としかも小さいサイズは河川残留型であることも間違いないだろう。これをエゾイワナというのは難しい

初夏の渓流ウエットフライ入門

渓流ウエットフライの実際

新緑が芽吹く5月も中旬になると、主に支流域では雪解けも落ち着き、新緑が芽生え始める。ほぼそれと同時に、トラウトたちもエサを活発に追い始めるものが出てくる。まだ警戒心の薄いこの時期は、水中を横切らせるウエットフライの釣りにうってつけだ。

ウエットフライの釣りは、ドライフライの一般的な釣りと異なり、ねらいを自分の立ち位置よりも下流におく。フライを対岸方向へ投じて、下流へとフライを流し込み、途中からラインが張られ、スイングするのが基本的な手順だ。ルアーから転向したフライフィッシャーにも馴染みやすい攻略法ともいわれる。では具体的に見ていこう。

最初の手順はこうだ。川に入る前に、地形全体を眺めて魚が居着きそうなポイントを想像する。その場所に対して上流側に陣取る。ポイントとの距離は川幅の2倍くらいから始めるとよいだろう。フライは魚がいそうな場所に直接ではなく、まずは対岸方向に向かって投げ、上流からねらいのポイントへ流し込む。ラインが張るとフライは引かれて扇状に線を描きながら川を横切る。こうして広範に探る。そこでヒットしなければ、少しずつ自身が下りながら、同じ手順で下流部を探り、魚がヒットするのを探り出すというイメージだ。

最も大事なのは、最初に見当をつけておいた最重要ポイントは丹念に流すことだ。ドライフライと違って水中は分かりにくく、上手く流せたと思っても実際にはイメージと違ってる場合や、魚のいない層を流している可能性があるからだ。トラウトの活性が高いときは最初のひと流しで食ってくることも多い。

具体的には、フライをポイントの上流側2～3m付近に落とし、リーダーとラインの先端を上流側にメンディングする。フライがリーダーに引っ張られ、すぐに流れを横切ってしまうとフライは一瞬しかポイントを通過しないことになる。できるだけ自然にフライが流れていくようにすると、トラウトはウエットフライを流下するエサと思いくわえるわけだ。

フライを投じるキャストは、スペイキャストが最も適している。オーバーヘッドでもできるが、渓流域なので背後に林があることが多く、思った方向へ投げにくい。ロールキャストで届く範囲でも充分釣れるが、簡単なシングルスペイやペリーポークなら、さらに楽にキャス

比較的穏やかな渓相の渓流では、例年５月中旬からウエットフライの釣りが楽しめる。写真は道央の昆布川

ト範囲も広がる。最近の優れたラインであれば初心者でもかなり簡単に出来るようになる。スペイキャストは覚えておいて損はないだろう。

長いポイントであれば、上流側から下流側の浅くなる場所まで一通り流す。一度流して反応がなくても、ここぞと勘が働くようなポイントは（深くて沈んだ大石がある、弛《たる》みがあるなど）、何度流してもかまわない。混雑する川などでは、一流ししたら上流から降りてくる人に一旦譲るなどの配慮がマナーだ。

好ポイントに見えるのに1投目でヒットしない場合は、より深く探るためにメンディングの量を増やして深く沈むようにしたり、極小のオモリ（ショット）をフライの30㎝上に付けたりしてさらに深い場所を探るという手もある。シンキングリーダーを使う手もあるが、渓流では水深がないので石に絡みつくトラブルが頻発する。ショットで調整するのが無難だ。

繰り返しになるが、ただマシーンのようにキャストを繰り返し、ルーティンに

シーズン初期は、大型ブラウントラウトなどが水中を
流れるウエットフライに好反応するよい季節だ

拘泥《こうでい》しすぎてポイントをサラッと流し終えてしまうと、魚との出会いは減る。ウエットフライのスイングの釣りで釣果の上がる人と上がらない人の差は、まずここにあると考えてよいだろう。

アタリとファイトの対処

　アタリの瞬間を察知するのは、ウエットフライの釣りの難しい点の一つだ。食った瞬間はほとんど分からないということである。くわえてからちょっと間があって、手元にアタリがでるか、ラインが引き込まれるかで分かるのがほとんど。魚がフライをくわえた直後に、イトが下流に流れる抵抗で、フックが口に自動的に刺さるという算段なので、見えていなくて当たり前ではある。名手に言わせると「フッキングしないで吐き出している場合も相当にあるのではないか」とのこと。

　長い距離をドリフトさせるような場合は、ラインが張るかどうかのぎりぎりくらいにサオを立てて、「聞きアワセ」をする。これもアタリの瞬間を逃さないた

対岸の深い筋へ流れに沿ってフライを流し込む。ドライフライと同じように、ポイントになる流れを読むことが成功につながる

めだ。また、フックのポイントは甘くなっていないかときおりチェックを怠らないようにする。

これらは結果論から導き出されたテクニックでもあるので、あまり難しく考える必要はない。特に渓流部では、ラインは短め、ポイントも狭いので、アタリは比較的はっきりとしている。

アタリは手元にググッという感触がくるか、いきなり走られたらリールの逆転ですぐに分かる。だが走る方向はよく見守る必要がある。ラインに受ける水流の抵抗は、トラウトにとっても相当なストレスになるせいか、その周辺で最も深い暗がりへ逃げようとする。川の流れと並行に出来た岩盤のスリットなどの深みなら、上流へと走ることもある。

ラインを手繰って足元に置いておくと、さらに下流へ走られた時などにトラブルになりやすい。リールを巻いてファイトできるようにしておくと、大ものに遭遇したときにあわてなくて済むだろう。

タックルとフライ

渓流域では、ドライフライで使う9フィート前後、5〜6番シングルハンドロッドでよい。ラインもフローティングのウエイトフォーワードをそのまま使える。リーダーは12フィート前後のナイロンに、フライは直結でもかまわないが、ナチュラルドリフトを意識してティペットを50㎝程度足してもよいだろう。10番フックのフライなら3X前後が標準だ。

夏場の渇水時なら気難しい大ものブラウントラウトも、シーズン初期は大胆にフライを追う

ウエットフライ専門でいくなら、ラインはスイッチロッドでスペイキャストをするように開発された製品がかなり使いやすい。サイエンティフィックアングラーズの「スペイライト」シリーズなどはうってつけで、低番手用もある。シングルハンドでスペイキャストを行なう場合のライン選択は、標準より1〜2番手重いものを選ぶ。つまり6番ロッドだとAFFTA規格で160グレインが標準なので、180〜210グレイン前後にすると、スペイキャストで投げやすい。

ウエットフライは古くから発展してきたフライフィッシングのジャンルなので、フライパターンのバラエティーの豊富さ、特に伝統的なパターンが多い世界でもあり大変奥が深い。

シンプルなソフトハックルは、水中での姿勢も安定しやすくニンフのように流し込みでもよく機能するパターンだ。簡単に大量に巻け、使う素材などによってバリエーションも出来るので、ビギナーの方には特にお勧めだ。

５月中旬の十勝の支流域。雪解け水の影響が出にくい川は好適。幅の広いポイントだが手前は浅く、流心は対岸寄り

上流から下流へフライを流し込む「縦の釣り」。深みが長く続くポイントでは特に有効。実はこの写真の瞬間には、魚はすでにフライをくわえていた

渓流では 9ft のシングルハンドロッド５～６番をメインに、やや広めの川では 11ft のスイッチロッドを使用する。春はヒグマとの遭遇も多いのでスプレーなど対策は忘れずに

ラインは通常のウエイトフォーワードでも可能だが、本格的に行なう場合はスイッチロッド用のスペイラインが使いやすい。サイエンティフィックアングラーズの「スペイライト　スカンジヘッド」は最適な１本。シングルハンドで使う場合の選択の目安は、指定番手よりも１～２番手重めを選ぶ

ウエットフライのグレートセッジでヒットした50cmほどのワイルドレンボー。春からコンディションがよいきれいな個体だ

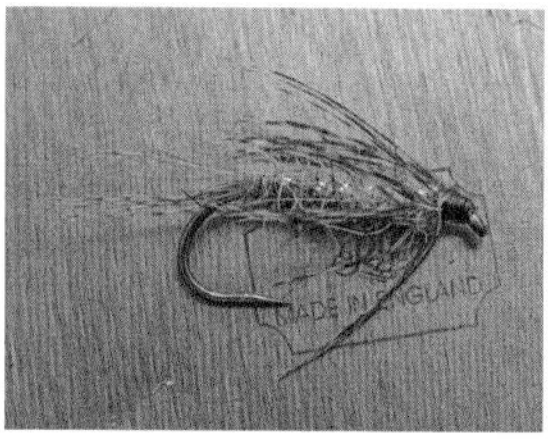

シンプルで汎用性の高いパターンが、通称「ソフトハックル」。ニンフのようなボディーのヘッド部にパラリと柔らかいハックルを巻いただけで、水中を動くウエットフライにもなるし、ニンフが泳いでいるようにも見える万能型のお手軽なフライ。ニンフに動く部分があると考えると分かりやすいかもしれない。簡単に大量生産できる

代表的なウエットフライパターン「グレートセッジ（風）」。ロールドウイングといってウイング材を3枚に折り畳んでつけるのが正式のようだ。また、マテリアルをオリジナルに忠実に使用しないとグレートセッジと呼ばないという見方もある。作法や形式にもこだわる伝統的な世界観がウエットフライにはある。また、トビケラ類を英国ではセッジ、米国ではカディスと呼ぶ。グレートセッジは北海道ではヒゲナガカワトビケラにそのまま対応する

ウイングを使ったパターンは、大型メイフライが産卵時に見せるダイブやヒゲナガカワトビケラの羽化に対応できるパターンも多い。ただしウイングの微妙なバランスなどによって水中で安定しないこともあり、難しい部分もある。それだけにタイイングし甲斐のあるパターンでもある。

雪代後期は雨後の増水と同じ

ウエットフライの大きなメリットは、広範囲にトラウトを探れる点だ。しかしフライとラインを不自然な形で水中を横切らせるので、トラウトを警戒させやすいデメリットもある。だが、増水時だと状況は異なる。雪解け水で水かさが多いシーズン初期は、魚の警戒心が弱いため、大ものののチャンスがあるだろう。フライにスレていないので、大きく派手めのパターンへの反応もよい。ただしこの雪代期に雨が降ると、深刻な増水となり、危険でもあるので川には近づかないほうが無難だ。

盛夏

MID SUMMER

ニジマスの森

野生の証

北海道の渓流に棲むニジマスに憧れを抱く人は多いという。道外の人はもちろん、道内に暮らす人にとってもそれは同じである。そして、単なるニジマスとは違うことも同じなはず。すなわち野生を取り戻し、輝きを放つ個体でなければならない。

では、野生を取り戻したニジマスとは、いったいどのようなものなのか。

北海道の自然河川でのニジマスの研究報告は少ないものの、若干の報告例はある。その一つに、北海道立水産孵化場研究報告第53号にある『北海道尻別川におけるニジマスの自然繁殖』というレポートがある。尻別川は北海道の道央を流れ日本海へ注ぐ一級河川。古くからニジマスが放流されてきた清流ではあるが、流域は開拓され田畑に囲まれたような川だ。調査はその支流、人の立ち入らないような小さなボサ川で行なわれた。レポートによると１９９７年と98年の２年、44回の調査を行ない、おおよそ以下のことが分かったという。

その川では、雪解けが収まり、河川水温が7℃まで上昇した4月下旬から5月中旬にかけて産卵が始まり、およそ1ヵ月間続いたこと。小型の卵は大型の卵にくらべて、砂礫の細かな産卵床から多く採集され、その孵化率は低く、生まれたあとの奇形率も高かった。砂礫が小さい場合、通水不良から窒息を起こしたものと推測されたという。

レポートの中で私が改めて確信したのは、小型卵よりも大型卵のほうが何かと繁殖率が高いということである。卵の大きさは親魚の大きさに比例するため、大きな親ほど大きな卵を数多く生むことができる。そればかりではなく、大きな砂礫をしっかり掘って産卵床をつくることができる。大きな砂礫は、通水をよくして窒息を防ぎ、孵化率にも大きな差が出る。大きな親魚が自然繁殖では重要な意味を持つのはこうした理由からである。

このことから推測できるのは、ニジマスの繁殖河川の要件である。一般に、ニジマスの産卵が行なわれ、孵化、浮上するまでの期間、春から夏にかけての時期に、砂泥の流入が多い川（区間）は、自然繁殖に向いていないということである。長い期間雪代の濁流が出る川、孵化期に雨で濁るような川も自然繁殖に向いていないといえる。

そう考えてみると、私が今まで見てきたニジマスの生息河川には、確かにそうした傾向が見て取れた。基本的には放流

ニジマスの森を眺めながら、野生を捜す探索の釣り旅

でしか生息を維持できないタイプの川が、北海道には多いという気がしてならないが、そうではない例外も少なからずありそうだ。

このレポートは『ノースアングラーズ』に別の記事として掲載されたことがある。その中では本報告のほかの調査から分かったことが記載されている。興味深いので要約しておきたい。

産卵の行なわれていた尻別川の支流は川幅3mほどのボサ川で釣り人による減耗が少なかったが（北海道ではボサ川で釣りをする人は少ない）、成魚の成長はかなり遅いようである。満1歳で8～20㎝、2歳で16～25㎝、3歳で18～30㎝ほど、最大の個体は48㎝で年齢は6歳という高齢だったという。

一方で、同じ道南地方にあるダム湖に生息するニジマスを調べたところ、満1歳で19～26㎝、2歳で31～38歳、3歳では37～49㎝あったという。エサの豊富さによって、ニジマスは生態を大きく変え、小さな川と止水では同じニジマスでも成長の差は著しい違いがある。大ものがどういった川で育ちやすいのか、その傾向を見ることができるだろう。

その森へ

野生化した大ものニジマスの川。私がそうはっきりと意識して捜し出したある川は、林道を何十㎞も走るような山奥の川などではないが、道路からは幾ばくか離れており、入るのも出るのも大変な川だった。

初めてその川を訪れたとき、車止から入って数百mの最初の好ポイントで、40㎝以上のコンディションのよいニジマスが釣れた。これによって、この川のこの区間が有望なのが分かった。その日はすでに遅かったので、現地に車中泊し、翌日は一日かけて行けるところまで遡ることにした。

車には全道各地5万分の1の地形図を常に入れてある。過去約20年の間に必要な都度、購入して集めてきたもので、北海道全体の3割ほどをカバーしている。そのエリアの地図は、北の隣にある川の上流部を詳しく知りたくて買ったものだったと記憶している。

地形図からは、実釣に必要なさまざまなことが分かる。川沿いの道を車で走っていて、その川には中間の前述した入渓点から数㎞に渡って橋などの入渓地点はないことが分かっていたが、地図を照らしてみると、いくつかの小さな沢か、道路が接近して標高差の少ない地点からは何とか出入りができそうだった。

私はヒグマ対策としていつも身につけている、大きな鈴とカウベル、忌避スプレーのほか、ホルスターに入れた大きなナタも持って行くことにした。これはヒグマとの最終的な接近戦で、ヒグマの頭をぶっ叩くことを想定している。ふざけているように聞こえるかもしれないが、そうして生き延びた人は少なからずいるらしい。要点としては、ひ弱な人間がけっこうな抵抗をするのを襲ったヒグマに思い知らせることにある。これは何もナタである必要はなく、射程距離内でスプレーが命中すれば問題ない。ナタやナイフは最終手段である。

探索方法

その日、私は当時の北海道の渓流で、平均50㎝以上の「野生化したニジマス」がもっとも多い森の川を歩くことになったと感じたほどだった。

その川を訪れたきっかけは偶然だった。すぐ近くにある比較的名の知れたニジマスの川を10年以上かけて歩き回り、近頃は魚が減ったな……と残念がっていた矢先、気まぐれから名前も聞いたことのない川へ入ってみたのだ。

初日と翌日で、私は5尾のニジマスを釣った。どれも50㎝超えの大もの揃い。8月だったが、あまりに魚の反応がよくて時間をかけてしまい、事前に考えたほど遠くまで行くことができず、後日改めて探索することにした。川通しに10㎞は歩くつもりだった。

蛇行を繰り返す川は良好な自然環境ということできるが、大ものニジマスの川であるためには落差が重要となる。あまり落差はいらないのだ。逆に大ものが留まれるような長い深瀬が必要である。地

同じ根から伸びた数本のカツラ。家具にも建材にもなれなかった株立ちの大木は、いまや立派な森の主役

図上では川を横切る等高線の間隔で示され、この川はその点は大丈夫そうだ。さらに一部では川岸の等高線がかなり詰まり、高い崖とともに良好なプールが作られている可能性があった。それはたとえばこういうことである。流れが蛇行して山の急斜面にぶつかる個所、つまり地形図上では、川が曲がって等高線の間隔が狭くなり、崖の印が入っている個所は注目すべきポイントになる。流れが崖をえぐり、淵や深い瀬を作り、それは大ものにとっては格好の住処になるはずだからだ。この川にはいくつかそうした個所があった。

次に着目したのは、枝沢の多さである。川の周囲は深い森で、ほとんどが一度は伐採された跡にできたいわゆる二次林だが、この川は一度入っただけでも、カツラやヤチダモの巨木が目に入った。

一般的に、針葉樹と広葉樹の混ざり合った良好な森は厚く堆積した腐葉土を持ち、豊富な水分を蓄える。急な大雨にも強く、水位の増減も穏やかで濁りにくいという特徴もある。豊かな森はニジマ右手に岩盤の崖があり深瀬を形成。その流れ込みの瀬頭が、最もエサを取りやすいポイントのようだ。ここぞという最高のスポットに大ものが付いていた

スたちにとっても重要な意味を持ち、小さな沢では産卵が行なわれているかもしれない。沢と本流の合流個所は1級のポイントになる可能性がある。その本数が多いほど、チャレンジのし甲斐のある川ということになる。

これらの要素は、北海道の野生化したニジマスの生息する渓流に共通した事項だと私は思っている。ニジマスが生息するのは、どうしても里に（街に）近い川である場合が多い。これはニジマスが放流を起源とする以上、致し方のないところで、人里離れた深い森に生息するニジマスというのは、実はマイナーなケースだといえる。

顛末

川は思ったとおり素晴らしかった。セオリーどおり、入渓点から離れるにつれ、魚影は多くなり、やがてサイズも大きくなった。最初の数尾が50cm弱で、次に55cm。どれもヒレが先まで伸びて、健康的な傷のない魚体である。そして強烈なファイト。走り出せば流れが続く限りどこまでも行きそうな勢い。ラインが張れば、即座にジャンプ。これが野生のニジマスだと納得できるものばかりだった。

その日、最大のニジマスは61cm。やはり片側が崖でその脇が深瀬になっている流れで、遠目に一度だけライズしたのを見逃さなかった。慎重にアプローチし、2投目にドバッと飛沫を上げてフライにアタック。獣毛をザクザクと刈り込んでわざと雑に作ったセミフライ。もしかすると水面を走るヤチネズミに見えたかもしれない。そこから始まった10分以上にも及ぶファイト。こちらは6番の強力なバットのロッドなのに、まるで何も抵抗感がないかのように疾走した。

強烈なファイトは死ぬまで続けるつもりか？と思うほど。なんとか浅瀬におびき寄せ、ランディングしようとしてはまた走り出して冷や汗をかき、それを三度繰り返して四度目にようやくネットに収めることができた。重さは計らなかったが、ずっしりとした手応えがあり、腹部がギラギラと光って生々しい。見事なニ

抜群のコンディション、太く、たくましい野生ニジマス

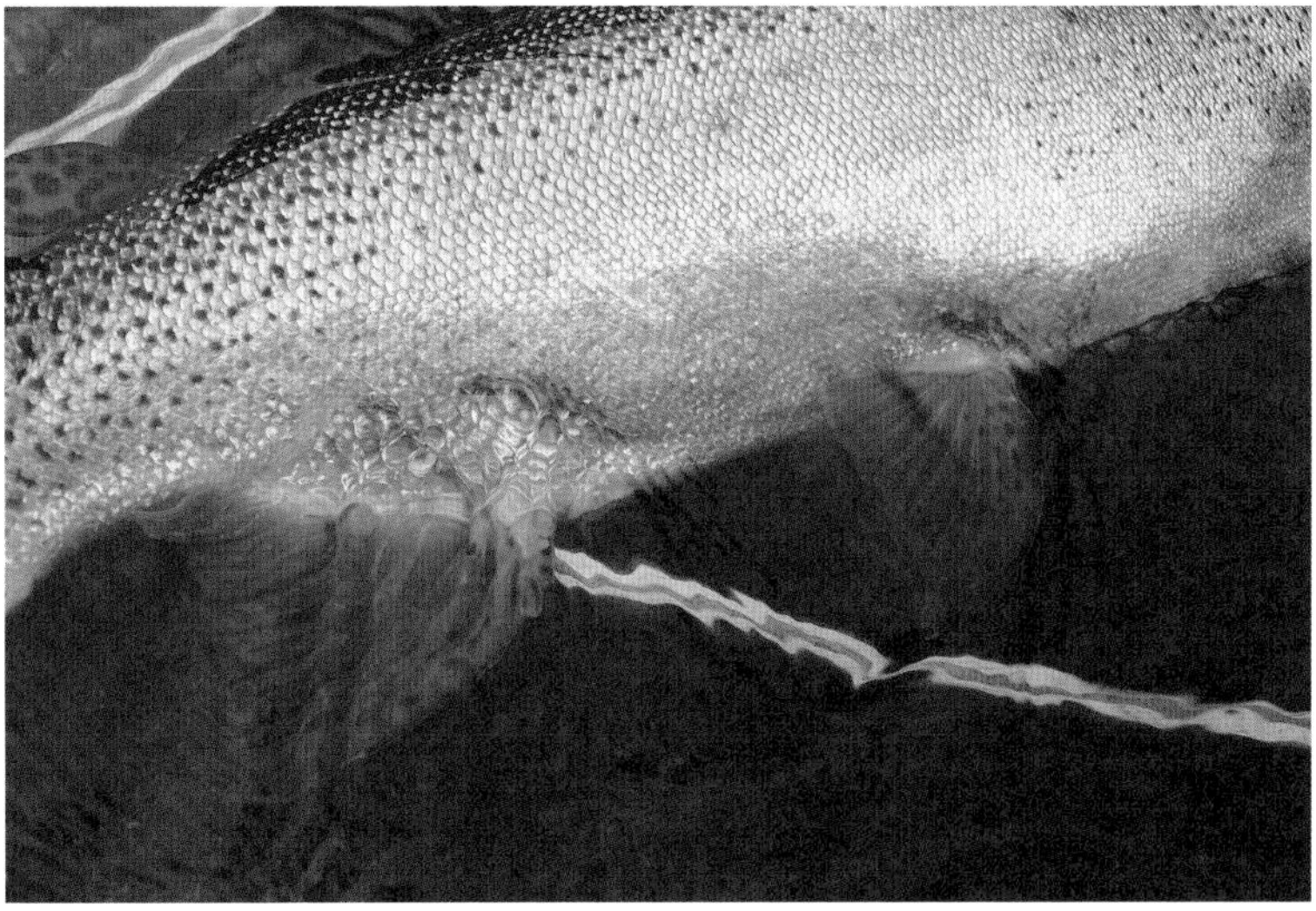

ヒレが尋常ではないほど発達している。強烈なファイトを約束してくれる

ジマスだった。太くたくましいボディー、とくに背中から尾ビレまでの発達した筋肉は、それまでどの海外の有名河川でも見たことがないほど、特別な個体に見えた。顔は小さく全体がいわば砲弾のよう。今でもその写真を見ると、なんて狂暴そうな肉体をしているのかと思う。

いったい生まれてから何年目のニジマスなのだろうか。各部のヒレはこれが限界ではないかというほど伸びており、尾ビレは少し割れていた。右顔の口蓋が少しめり込んでいて、もしかすると誰かに釣られているのかもしれない。

その後も50㎝前後が続いた。1日6時間半の歩きで、ランディングできたのは5尾、バラしたのを含めると全部で10尾ほど、すべて大型魚だった。その時の率直な感想は、「ついに見つけたぞ！」という喜びでもあったし、同時に「こんなスゴイ川が北海道にもあるんだ……」という衝撃でもあったが、この川の探索には顛末《てんまつ》がある。

実はそのシーズンも含めて数回同じ場所に入ったが、同じような釣果があったのはもう一度だけで、入渓のタイミングで様子はまったく違っていたのだ。魚はいたのだろうが、きっとほかの人が入ったすぐ後だったのだろう。多くはなかったが数ヵ所で人の足跡を見たので、その川を知っていたのは私だけではなかったというわけだ。それから5年もたたないうちに、釣り人が常にいるような川になり、10年後にはほとんど魚のいない川になってしまった。理由はよく分からない。キープされたのか、ダメージで死んでしまったのか。

ドライフライだけで野生化した60㎝のニジマスが出る川は、そう多くはない。大きいのはいるが、成魚放流の面影が残っていたり、まあまあきれいだが、ファイトに少し物足りなさがあったり、ニンフでしか釣れないというのも少し残念だ。

元来、移殖種であるニジマスの川は、何かの拍子で消えて行く運命から逃れることはできない。幸運にも野生化したニジマスの川が人知れず残ったならば、いずれ誰か幸運な釣り人がその恵みを享受することになるだろう。

おそらく多くの人は自分の釣り場は自分で捜さねばならない境遇だろう。私もほぼ自分で釣り場を捜してきた。そのおかげか、今では条件・要素と経験と勘から、ニジマス捜しに展望が開けるようになった。

近道はなく、回り道をすることで、自身のニジマス釣りを豊かにしてきたとも思う。一度といわず、できるなら何度でも、そうした川を見つけたいといつも思う。

ニジマスの川捜しにおいて成否を決定づけるのは兎にも角にも、「自分の足で怪しい川に踏み入る」ことである。他人に釣り場を教えてもらえば……という近道は、野生化したニジマスの背景を理解する上で存在をゆがめてしまうとさえ思っている。歩け。それしかないのである。

深い森に囲まれ、谷底を流れる川には入る覚悟を要する。人を簡単に寄せ付けない環境に、野生化したニジマスが生息している

ニジマスの森の川。河原はなく、掘り起こされ、剥き出しになったゴロタ石が川床を覆う。森の木々が川面を覆い、魚の姿を隠す。野生を育む流れ

ビッグドライとトレーラー

大きな獣毛のヘッドを持つビッグドライへ、ガボッと出たブラウントラウト。急流ポイントでは落下のインパクトも飛び出しを誘発する

ビッグドライのメリット

7月後半から8月中旬は例年もっとも高い気温、水温のシーズン。トラウトもそんな暑さを避けがちだ。そこで対策として有効なのが通称「ビッグドライ」。フックサイズにして6番より大きなフライは大型のトラウトを魅了する。

ビッグドライに関する核心は、大きな陸生昆虫を捕食する大ものは、意識が大きな浮遊物へ偏向するのを利用すること。大きい魚ほど大きなエサ＝高カロリーを必要とするという道理に従うのである。実際のところ、大きなフライは大ものを引き付ける。大型の陸生昆虫はもちろんのこと、水面を走り回るネズミのような小動物までも捕食する。

トラウトは小さな虫を選別する賢さを持ちながらも、刷り込まれた本能を捨てることが出来ない生き物でもあり、また、人知を超えた大胆さで釣り人を驚かせる。ビッグドライは、大ものトラウトに対する釣り人の挑戦なのだ。

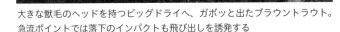

真夏の典型的な渓流ポイント。大きなニジマスが川底に張り付いており、ビッグドライで引き出す

また、ビッグドライの魅力は釣り人をも虜にする。浮いたでかいフライにガボッと大きなマスが出る瞬間は、フライフィッシングの官能、醍醐味といっていい。その瞬間は、トラウトの生態という不可思議な自然現象の中で、派手な演出を伴って現われる因果関係。自然が与えてくれる恩恵と言い換えてもいいかもしれない。その恵みが大きなトラウトなら、どんな釣り人でもそう思うだろう。

ビッグドライ捕食シーン

何年か前の夏の出来事。道北の渓流、ニジマスの川。少々押しの強い流れで徒渉に難儀する場所も多いが、その強い流れに鍛えられた力強いニジマスが生息する川だ。

この日は日差しが降り注ぎ、水中もよく見え、土手の茂みから深瀬をそっと覗いてみると、50㎝は下らないニジマスが、流れの速い流心脇で泳いでいるのを確認できた。底層～中層にいて、ときおり水面近くには来るがすぐに沈むということ

真夏のエゾゼミ。大型でエゾハルゼミよりも長期間にわたって活動する。フライパターンでは存在感を意識したい

コガネムシなどの甲虫類も盛夏のトラウトのメニュー。丸いボディーや脚にも注目だが、まずは真っ黒いフライが必要

を繰り返している。ライズはせず、水中を流れるエサに無中である。

そこに巨大なドライフライを流し込んだらどうなるか。果たして水面に出てくるだろうか。その決定的なシーンを4Kビデオに収め、あとから写真に切り出して見てみようと、土手の上に三脚とカメラをセットする。4Kとは、現在の地デジ放送の解像度であるフルHDの約4倍の解像度。1コマ約800万画素の画像から生成される。魚の動きは瞬間的なので動きを止めるために、シャッタースピードを速めに設定しておく。

それまでにも何度も警戒していない魚の映像を撮ったことがあり、それらは釣りに役立つ内容だった。俯瞰《ふかん》すると、川辺からは見えないことだらけなのである。

試したビッグフライは、ディアヘアとエルクヘアで作った大型昆虫パターン。大きさはワイドなゲイプの4番サイズ。投げたフライは、うまく魚の頭上へと流れ、見事に飛びついた。ドバッと飛沫が上がり、あとはニジマス特有の前後左右に走り回るファイトで、ランディングできたが、映像を確認して改めてその瞬間的な速さに驚かされた。

フライを魚の上流部2m付近に落とし、それを魚が見つけて動き出してからくわえて反転するまで、その間わずか0・8秒。コマ送りしなければほとんど何も確認出来なかった。

確かに、流れの速いポイントにいる魚は、動きも素早くなければエサを捕れない。そしてその動きは人間の目には判別できないのだ。水面に起きるすさまじい飛沫は、飛び出した瞬間ではなく、沈むときにテイルで水面を叩いて起こしていた。

それにしても、野生のニジマスはたくましく、本当に美しいものだなあと、改めて感じた次第である。

ねらいと攻略法

盛夏のビッグドライでビッグトラウトをねらう川は、水温が上がりにくい森に囲まれた支流や、本流の上流域だ。中でも本流から支流へと遡上できる川は、大

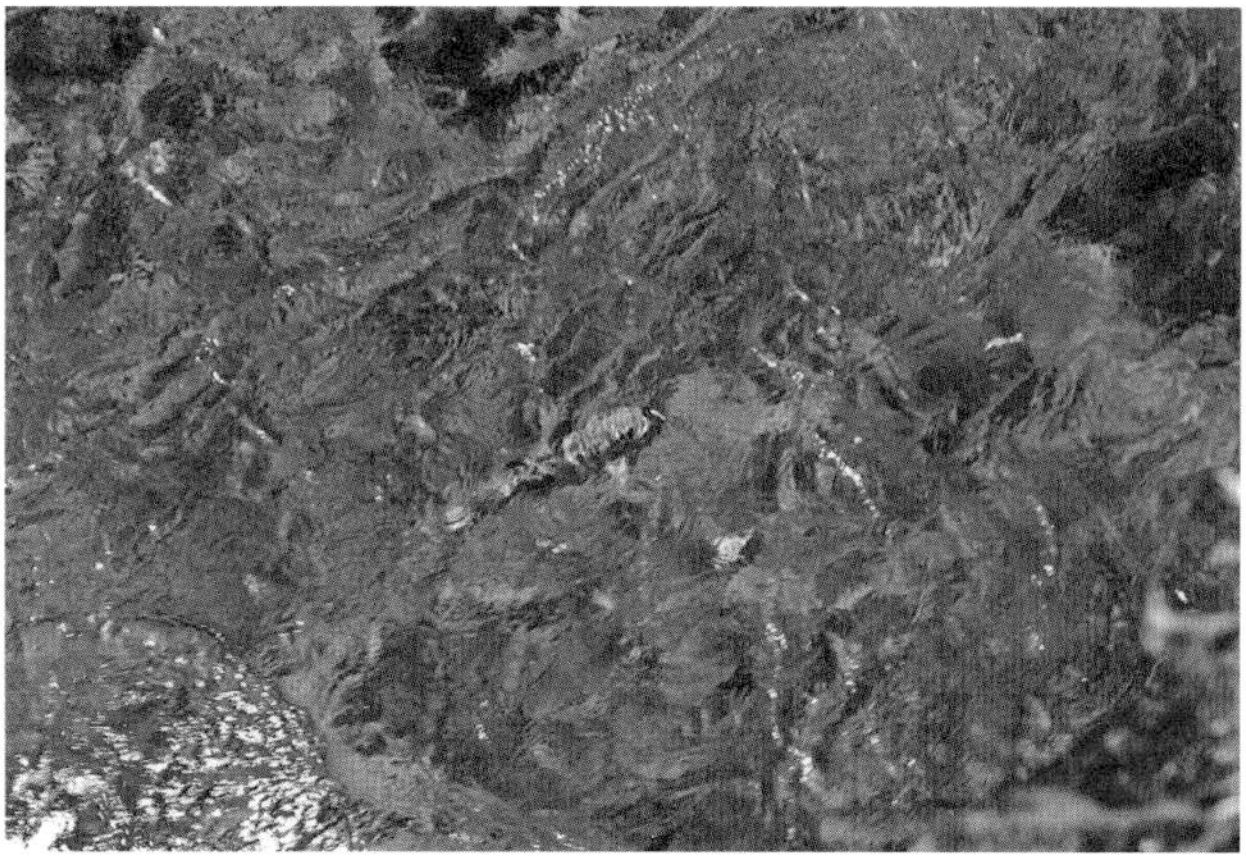

ビデオ撮影から。川の底近くに定位していたニジマスが、セミフライを見つけて浮上し、口を開けて吸い込もうとする瞬間

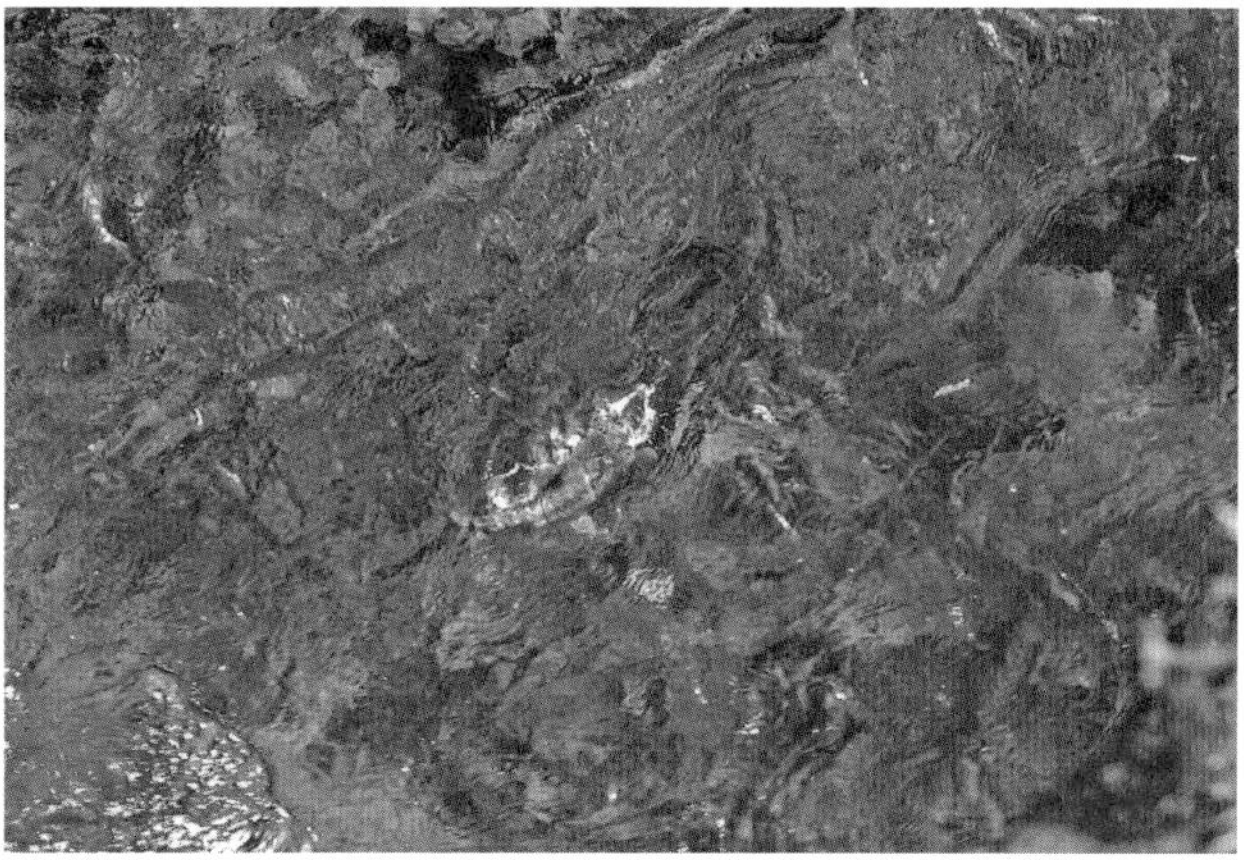

フライをくわえて体をひねって反転。魚が動き出してからここまでで１秒弱の非常に短い時間だ

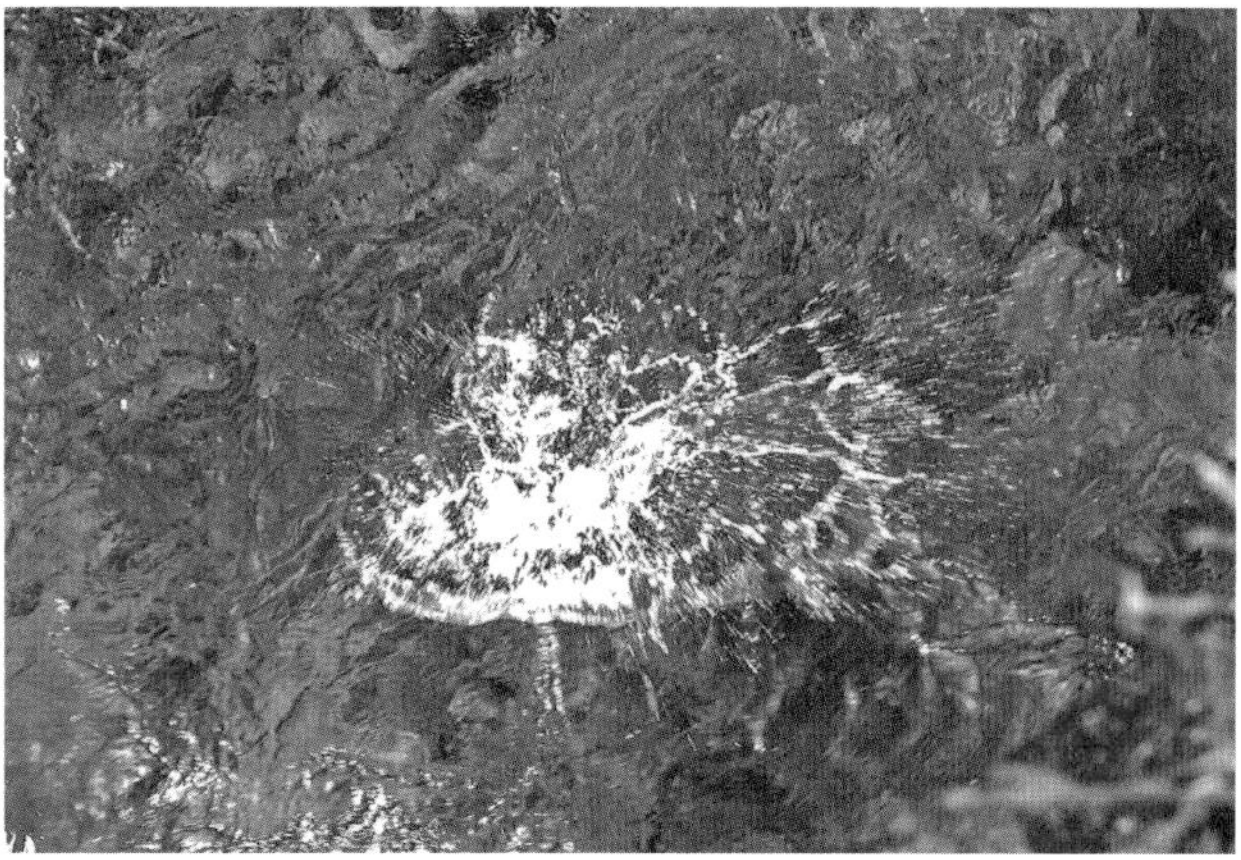

尾ビレで水面をたたく瞬間に大きな水しぶきがあがる。魚が出た瞬間ではなく、沈み際の出来事なのが分かる

長く広い深瀬の流れ込み部分、いわゆる瀬頭の白泡の中は、盛夏の大型トラウトが潜むポイント

型トラウトが水温の高くなった本流から、涼しい支流へと移動するのを期待できる。

トラウトの居着くポイントも夏場ならではの傾向がある。水温が高くなり、日差しを避けるためや、川底から湧き出る伏流水を求めて、少しでも涼しい場所で酸素を得ながら体力を温存する。もちろん、あまりにも高水温時にはトラウトのダメージを考え、無理に釣りをしないという選択も当然ありうる。

こうした川底に入った大ものトラウトは厄介だ。アウトリガーでニンフを川底へ流し込むという釣り方があるが、それは面白くない。そこで北海道のローカル・アングラーたちが生み出したのがこのビッグドライ・フライを活用する方法なのだ。

「川底にいる大型トラウトに対し、水面を流れるドライフライが有効か?」と疑問を感じる人がいるかもしれないが、こうした場面こそビッグドライは威力を発揮する。流速と水深のあるポイントでは、小さなフライでは川底から見えない。また小さな虫では栄養が乏しく、わざわざ強い流れを越えてまで水面に出てくるメリットが少ないと判断しているのかもしれない。

逆に大型のフライならば、魚の目に入りやすく、カロリーの高い魅力的なエサに見えるだろう。いずれにしても、小～中型のフライでは飛び出してこないトラウトが、大型のフライにだけ飛び出すことが頻繁に起こる。これがビッグドライの釣りの大きなメリットだ。ではどういった使い方をするのが効果的だろうか?

目当てのポイントを前にしたら、基本は下流から上流部へ向かって、水深のある流心の真ん中を中心にフライを流す。そのポイントで最も怪しい区間は、波立つような激しい流れそのものと、左右の少し緩い流れ。そこをしつこく何度も流す必要がある。前述したように、川底にいるトラウトは、流れるフライに気が付かない場合もある。10投目に出るということも珍しくない。

流し方はあくまでもナチュラルドリフトを心がけること。フライの浮力には注

ビッグドライを捕食するレインボートラウトはコンディションがよい。高水温下では、ファイトを早めに切り上げ、速やかにリリースしてあげたい

渓流のアメマスもビッグドライが大好物。ヒゲナガカワトビケラにも見えるパターンで

マドラーヘッドのビッグドライ。何かに似ているというよりは存在感がトラウトにアピールするタイプのパターン

意を払い、浮きが悪くなったらフロータントを付け直すか、フライを交換することも必要だ。「このポイントには間違いなく大ものがいるはず……」。事前に分かっていたり、そんな予感があったりするなら、フライを違うタイプのビッグドライに交換してみるべきである。

フライの選択は、流れの速い場所では細かなシルエットよりも、浮力の高いものを重視する。獣毛を使ったセミや、甲虫類、ダウンウイングの巨大なガやチョウ類。やや流れが遅いポイントでは、レッグなどが付いたシルエットを意識したものがよい。色違い、シルエットの違いで交互に攻略するという手法もある。明らかにフライが魚の目に入っているはず、という確信があるときは、そのフライパターンを警戒している可能性もある。

大きなフライを使う最大のメリットは、川底にいる大ものを引き出せるアピール力だが、太いティペットを利用可能ということもある。通常、太いティペットは魚に警戒され、ナチュラルドリフトもしにくくなるため（太いと水の抵

川底からビッグドライで引き出した大ものレインボートラウト

抗を受けやすい)、出来るだけ細くするという考えがあるが、フライが大きければ、相対的にティペットが目立ちにくくなり、ブレークしやすい細いティペットを使わなくて済む。もちろん切られないということは、トラウト保護の観点からも重要な考えだ。

トレーラー式という選択

ビッグドライ一辺倒でも釣りは成立するが、流れの緩やかな川を中心に、どうしてもドライフライには出て来ない場面というのが存在する。

私がガイドをするときに勧めているのが「トレーラー式」のドライとニンフのダブルフライ方式だ。浮力のあるビッグドライのフックベンド部分に、深さに合わせて30~60㎝のティペットを結び、その先に14番前後の小型のニンフを結ぶ。フライパターンはドライではヒゲナガカワトビケラを模倣したような、大きめのカディスやホッパーやセミ、ニンフは主に地味なヘアズイヤーやフェザントテイ

ビッグドライの知見が詰まった二橋さんのフライボックス。パターン、サイズ、カラーと基本を揃えておくことが肝心という

ルなどを結ぶ。釣り人が多く魚がスレている川では、両方とも地味なパターンで合わせるのが有効だ。

ヒットの割合は、ドライが3、ニンフが7。大きなドライフライは魚の注意を引き、しかしその下を流れてくるニンフに食いつくという構図のようだ。

この方式は、アメリカのモンタナ州やアイダホ州、ニュージーランドなどトラウト釣りのメッカで盛んな方式で、ドライフライだけの釣りが成立しないときは特に有効だ。ただし、フライが2つもついているため、投げにくくイトが絡むなどのトラブルが出てくる。少しゆったり

千歳市でプロショップ清竿堂を営む二橋翔大さんは、北海道内でビッグドライの釣りを古くから行なってきた一人。その経験は折り紙付きだ

清竿堂のアイコン的なビッグドライが、このタランチュラ。ボディーやカラーのバリエーションがいくつかある。これはラムズウールをボディーに使ったタイプ

とキャストを心がけるとトラブルは減る。

ウエイトの重いニンフが付いている場合はキャストが特にしにくくなるため、ロングキャストは不向きだ。そのためポイントにどれほど近づけるかも重要になる。

まずは本命のポイントを見定め、どこまで近づいたら重めのニンフ付きのトレーラーをキャストできるか想定してみる。そこから遠目に、自分が立ち込みたい場所付近を流してみる。徐々に近づいていき、本命のポイントに丹念にフライを流す。ここでもビッグドライのように、何度も流す必要がある。繰り返しているうちに飛び出してくることが多々あるからだ。流れが速い場所では、魚もフライを見つけにくく、飛び出すタイミングもつかみにくいのだろう。

激流の中に入ったトラウトはかなりの大ものでも警戒心は薄くなるようで、遠目のドライフライだけのアプローチよりも近場でトレーラーをしつこく流したほうが成功の確率が高い。

最後にタックル。特にロッドの選択であるが、5〜6番、8・5〜9ft前後でアクションは硬すぎず柔らかすぎないミディアムファストアクションで、バットが強めにできているものがよい。通常のオーバーヘッドキャストはもちろんのこと、ロールキャストを使う場面も増えるため、このようなロッドが使いやすい。もちろんその他の場面でもこうしたロッドは活躍するだろう。

ラインはウエイトフォーワード（WF）、可能なら通常のテーパーよりも先端がやや太くなっていて、より大型のフライや風の中でのキャストに向いたものがベストだ。ビッグドライを使う全般に同じことがいえる。

リーダーはやや太めのナイロン2〜3X、ティペットも3〜4Xを継ぎ足すイメージ。同じ太さで、全長で14〜16ftがドラッグを回避させる上で必要な長さとなるだろう。最初は戸惑いもあるだろうが、これで慣れるようにキャスティングの技術を磨くのが攻略への一歩でもある。

トレーラー式ニンフで釣りあげたファットなレインボー。魚は見えていたがやはりドライではどうしても出て来ず、小さなニンフを追加で結ぶとヒット

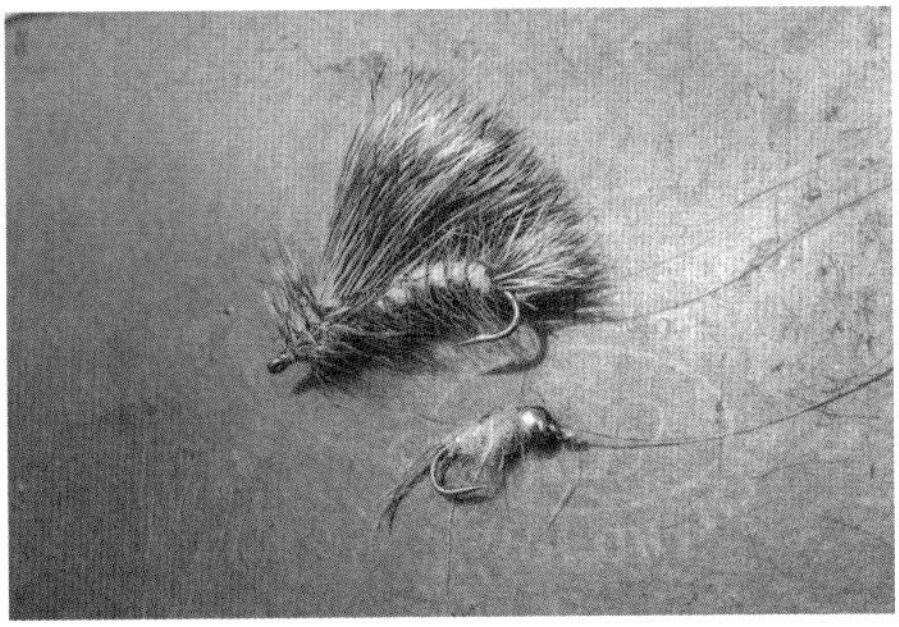

スティミュレーターなど浮力のあるビッグドライのフックベンドに30㎝ほどティペットを追加、14番程度のビーズヘッドニンフを結ぶ

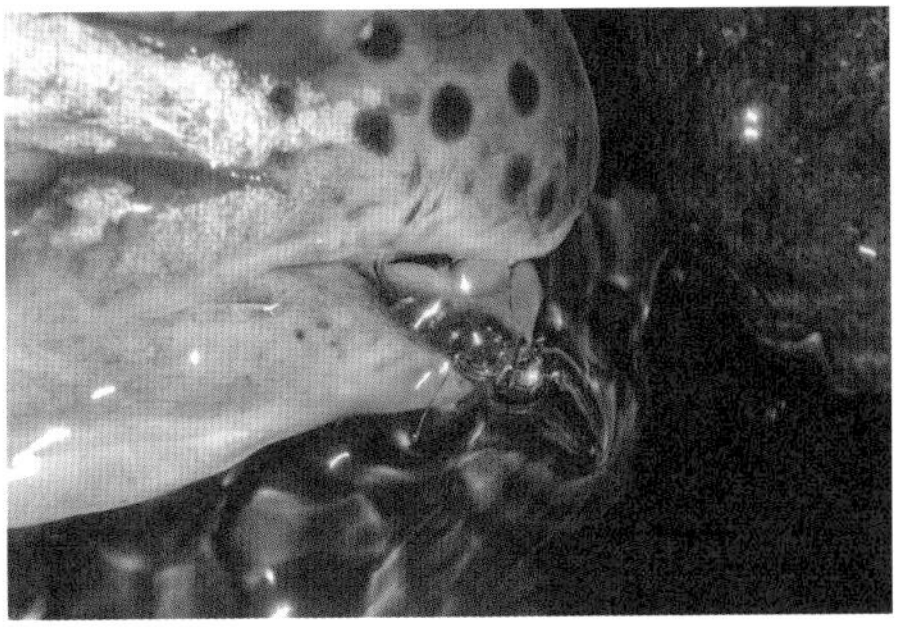

警戒心が強い場合や、活性の高くないトラウトの場合、大きなドライへは抵抗を示しても、その後を流れてくる小さなニンフは自然とくわえてしまうようだ

遡上アメマス～ダムからの差し上がり～

差し上がりのアメマス

北海道各地でアメマスが見せる姿は、季節によりまた環境によってさまざまである。真夏のある日、山間のダム湖から遡上アメマスの群れが突然のように現われる川がある。石狩川支流の空知川の支流もその一つ。山間部ダム湖から続く流れ込みの流入河川、その群れを捜し出し、豪快にドライフライで釣るのが、道央地方の盛夏のフライフィッシングシーンだ。

大きな台風が連続して通過し、空知川に大被害を与えた2016年から、遡ること10年近く前。その年の7月、30℃前後の高温が続いたあとの涼しい曇りの日、私はダム湖から遡上するアメマスの群れを見つけようとして前日から何ヵ所かを探っていたが、まだ1尾も出会えずにいた。土手上の駐車スペースで昼飯を作って食べながら、ぼんやりと川の様子を眺めていると、見たことのある1台のピックアップが来て、すぐに友人夫婦だと分かった。合流して一緒に釣ることになったが、どうやら今年は遡上が遅れてまだ数が少ないとの情報。ありがたい。

普通、遡上アメマスは群れていることが多く、だからある場所で全く魚影が見えなくても、ちょっと歩いただけで大群に当たることがある。しかも入渓しやすい場所周辺の「場荒れ」が、この遡上アメマスに関しては当てはまらない。数日ごと、場合によっては午前と午後で、群れがいる場所が違ったりもする。この釣りの最大の問題は、群れを見つけられるかどうかにかかっているといっても過言ではなく、最善は情報網を駆使したうえで、さらに歩いて捜し回ることなのだ。

一緒にポイントを叩きながら釣り上がることにするが、結局、遡上クラスの良型アメマスはこの日は1尾も出てこなかった。先週はけっこうな雨が降ったから、それがきっかけで移動したとも考えられる。遡上という性質を素直に考えると、上流へ向かったと推測すべきなのだが、前日に私が探ったのはその上流。いくつかの大きな瀬のある区間だったがそこには何もいなかったのである。

不思議なアメマス

遡上アメマスの釣りは、ウエットフライやストリーマーを使ったスイングの釣り、あるいはニンフを使ったニンフィングのどちらかが古くから一般的だったが、近年は瀬にいるものを捜してビッグドライで攻略する釣り方も人気だ。渓流のヤマメやイワナ、ニジマスなどと同じ

毎年、盛夏になるとアメマスの群れが現われる川

く、水面を流下する陸生昆虫を模したドライフライへの反応がすこぶるよいのだ。だが決して、恒常的に水面に出てライズを繰り返しているわけではなく、大きなフライのときに特別に水面への出がよいという感じ。これが一つ不思議なところである。

フライやタックルは通常の渓流釣りと同じ。アップクロスでデッドドリフト、魚のいそうな流れを予測してフライを投じる。ブラインドによるアプローチが主体になるが、群れた遡上魚ならではの行動が、ときどき釣り人を悩ませる。また、河畔に覆いかぶさる倒木や障害物の下に何尾ものアメマスが隠れているようなポイントでは、上流から下流へのダウンクロスでナチュラルドリフトしなければならないこともある。

もっとも、それらは魚影を発見した場合のことである。渓魚と同じく警戒心は強く、人の姿を見ると障害物の陰に隠れたり、川底でじっとして動かなかったりする。白泡が立つ早瀬の中はともかく、大きな群れがいそうな深瀬へのアプローチは、下流からそっと近づき、岸の木立の陰から魚影を捜すのが得策ということになる。そう、この釣りのもう一つの楽しみは、魚を見つけてからアプローチする、サイトフィッシングにもある。

これらの群れたアメマスは、流下レーンに定位してライズを繰り返すようなタイプの魚ではない。どちらかというと、大きめのフライにリアクションバイトのように反応するように見える。

また、彼らの居着く場所も特徴的だ。他の渓魚たちは通常、エサがもっとも流れるレーンにいるが、彼らはもっとも休める場所、つまり川底のように流れが緩く、なおかつ外敵などから身を守れるような場所に、数尾から数十尾が群れているケースが多いのだ。これも不思議さを助長している。

この滞在では3日目にしてようやく、最初のアメマスを数尾見つけ、翌日にはそのさらに上流部でもっと大きな群れを見つけた。鬱蒼とした森の中である。川幅が狭く河畔林に囲まれ、岩盤床がさらに多くなり砂礫の河原がほとんどない。

低い土手の下がすぐに川で、河岸際に大石が転がり、深いポケットウオーターが連続する。一見するとイワナの川だが、アメマスは川中央の河床、岩盤に刻まれているスリットのような溝に何尾も並んでへばりついていた。

周囲を樹木に囲まれているせいで、キャストは制約を受けるが、こちらの存在を魚に悟られずに近づける。これがメリットだ。また、天候にかかわらず周囲が比較的暗いので、案外、流れの底までよく見通すこともできた。

魚影そのものも見つけやすかったが、魚たちがどのようにフライに出るのかもつぶさに観察できたのは収穫で、やはりビッグドライへの反応がすこぶるよかった。

森のサイトフィッシング

8月後半に差し掛かったその日も、朝から2時間ほど歩いても群れを見つけることが出来ずにいた。入渓点からけっこうな距離を歩いてきてしまい、戻るタイミングを失う。携帯GPSの地図を見ると、1㎞ほど先に林道と並行する場所がある。そこから上がれそうだった。このまま魚が見つからなかったら徒労というやつだな、と思っていると、前方にいい深瀬がある。一旦土手に上がって瀬の中を覗くと、緩いところには魚影は見えなかったが、瀬頭の脇の緩い流れに良型がヒラヒラと泳いでいるのが見えた。

「いたいた、ここだったか」

と思うのはまだ早く、瀬頭から続く岩盤床にはもっと多くのアメマスが並んでいたのだ。岩盤と砂礫の混合床で、岩が割れた間にスリットができ、そこが少し深くなっている。怪しい、と目を凝らしてよく見ると、影の部分に魚が並んでいる。しかも40～50㎝の良型揃いだ。

まずは、流れ込み脇の流れが停滞した筋にフライを落とすと、しばらく漂ったのち、突然、水柱が立ち、フライがひったくられた。

一瞬、ギューンとロッドを絞るように引き込まれるが、あとは体をひねりながらゴンゴンと伝わる独特のファイト。なかなかのサイズだな、とロッドを抱えな

友人たちと合流して、
アメマス探索釣行へ

林道脇に落ちていたヒグマの抜け毛。ドキッとする瞬間。深追いは禁物というサイン

岩盤床のスリット、樹冠の張り出したバンク際に、アメマスの群れ。ダウンクロスでドライフライを流し込む

斑点が小さめ、黄褐色のボディー。生粋の川育ちなのか、ダムからの遡上で長居のために色が付いたのか。どちらとも判断しにくいものもいる

がら一人で感心していると、下流側にいたアメマスもつられて、掛かったアメマスと一緒に動き回っているのが見えた。これはまずい。少し強引に引き寄せてランディング。サッと写真を撮ってすぐリリース。群れは対岸側の流れ、せり出した大ぶりな枝の下に入り、たぶん隠れているつもりになっているようだ。上流側に回り込み、フライを流し込む作戦に切り替える。

エゾシカの毛で作った棘《とげ》だらけのような楕円形のセミパターンを流し込む。緩い流れの中をプカプカ浮かぶフライに、アメマスもゆっくりと浮かんできて、口先を開いてパクッとくわえた。自分の立ち位置から5mほどなので、その様子がまたよく見えた。魚たちは明らかにエサと認識して食べているように見える。ここではリアクションではないのだ。

下流から3尾掛けて2尾ランディング、どちらも40㎝強。次にその日最大の50㎝強の茶色いオスが釣れた。写真を少し撮って、ポイントを休ませると、またドライフライに戻して、さらに別のアメマスがヒット。手を替え、品を替えてじっ

沈みにくい獣毛系のマドラーヘッドのビッグドライ。川でのアメマスは獰猛かつ激しいファイターでもある

シーズン初期にダムへの流れ込み付近で釣れた個体。まだ湖産の白銀系の姿をしているが、ビッグドライをがっぽりとくわえた

くりと攻略することができた。このポイントを離れると、また魚影がなくなってしまった。

もっと大きなアメマスがいておかしくはなく、さらに上流へ行けば……と思ったが、ここより先は林道から離れた区間が続くため、ヒグマのリスクがより大きい。今日はここまでとする。

空知川の上流域は以前からヒグマの濃厚な地域といわれている。２０００年頃は林道が開放されていて最上流まで行くことが可能だったが、そのころはヒグマの痕跡は上流部よりはむしろ人里に近いエリアのほうが目立ったと記憶している。しかし近年のヒグマの遭遇リスクは、対策を講じていても何が起きるか分からない。これまで以上にリスクは極力減らして釣行したいものである。

湖産アメマスの遡上とは？

湖と川とを行き来する遡上アメマスの生態は、未知の世界である。北海道の湖産アメマスの遡上メカニズム、とりわけ大型ダムによる止水域の誕生によって、生態がどのように変わったのか等々、いまだにベールに包まれたままである。

このダム湖は比較的高地にあるとはいえ、標高は３３０ｍとあまり高くはない。周辺の8月の平均気温は18℃前後とあるが、日中は30℃近い日も多く日差しも強い。一方で気温が30℃を超えるようなときでも、森に囲まれた川の水温はずっと低く、ダム湖の水温上昇はアメマスの遡上を促す要素であるのは間違いない。同時に、貧栄養化した湖で腹を空かせるよりも、流れてくる昆虫類を求めて川を遡上することもまた当然考えられる。

空知川の流域は、広大な東大演習林など道内でも屈指の豊かな森がある。ハンノキやシナノキなど樹冠が広く葉の豊かな広葉樹が多く、川を直射日光から遮り水温上昇を抑える効果もある。樹木から落ちて流れる陸生昆虫も豊富だ。泳ぎのあまり得意なほうではないアメマスにはユルユルと定位でき、ゆっくりとエサを食べることが出来る川は、彼らの夏の楽園にも思えるのである。

尺オショロコマ

ロードマップ

私には「尺オショロ」への近道、つまりロードマップがあって、優先順にいくつかの川を挙げてある。各河川には共通した要件がある。それは、

一、源流部かそれに近い上流域もしくは水量のある支流であること。
二、川の形態は大きな岩や石が転がり、小さなポイントが点在している山岳渓流の様相であること。
三、森に覆われ夏でも水温が低いこと。
四、下流にダムや滝があって、大型のサクラマスやアメマスなどの遡上魚が上がれないこと。
五、他種と共存していないこと。

要件のうち、一〜三はオショロコマ全体にいえることなので間違いはなかったが、四と五は、尺クラスというあまりお目にかかることのできない魚と出会うための、重要な要件である。

そもそも北海道のオショロコマは、大きく育つようにできていない魚である。小さく育ち、早く成熟するのが正常で、その代わりに大勢が群れて生活する。少数が大きく育つ可能性は低い。いるかどうかも分からない個体である。そんな魚を育む川はあるのだろうか？　あるとしたらそれはどんな川だろうか？

あるかどうかも知れない川を捜そうと私は企んだわけである。尺オショロはいわば「宝探し的な釣り旅」でもある。その山師的な、ギャンブルと生態からの推測の微妙な狭間にいそうな魚であり、これは彼らの生態の特徴と、現在の北海道の河川状況を照らし合わせ、どこがもっとも「尺」の称号にふさわしい川なのかを探るという、探索釣行なのである。こういう釣りができるのは、ほとんど人の手による資源管理がなされていない、オショロコマならではの楽しみなのだ。

知床のオショロコマ

この探釣には指針となる資料がある。私の文章で過去に何度か紹介してきた『イワナの謎を追う』（石城謙吉・岩波新書）。この本では、複数の魚種によるエサの食いわけについて、自然河川での調査と水槽での実験とで詳しく考察が述べられている。

知床半島の付け根のやや南側に位置する、伊茶仁川という小河川には珍しくオショロコマ、アメマス、ヤマメの３種が混生する。そこで行なわれた食性調査で

夢の尺オショロコマ。北の大地の小さなトロフィークラスである

は次のことが分かった。調査時期は7月、満1歳から2歳魚を対象に、おおむねヤマメは落下昆虫を主食とし、アメマスはカゲロウの幼虫などの流下昆虫を、そしてオショロコマはヨコエビなどの底生動物を食べるという結果。各種のはっきりとした違いが現われたのだ。それは水槽実験でも見られ、3種は順に水面近くから下層へと定位する場所が分かれた。ヤマメがいる川では、オショロコマが水面に現われない理由はどうやら種間の干渉作用によるものらしい。

だがここで注意しなければいけないのは、必ずしもオショロコマや他のマスの間に決定的な食性の違いがあるわけではないという点である。単独で生息する河川の調査では、いずれもどこを流れていても、流下昆虫を食べてそれを主食としている。これはオショロコマもヤマメのようなエサを食べられることを意味しており、本書ではこの説の結論として、「サケ科の魚たちは手に入る食べ物はなんでも食べて暮らしている」としている。

問題は食いわけの本質は、近縁種が2

種3種と混生するときに、食性の特殊化が起こることにあるようだ。

エサの流れる優先的な個所は、体が大きくて遊泳力に勝る魚から順にポジションを取る。果たしてオショロコマはどこにいることができるのか？　稚魚期から体の小さなオショロコマは、そもそも他種に対しての優位性を備えていない。したがって、エサの不足によって成長を妨げられるか、生存そのものが不可能になる可能性もある。

とりわけ近似種のアメマス＝エゾイワナの場合は、形態の違いがわずかであることが大きな理由と考えられ、北海道の広範囲にわたって共存を不可能としてきたのではないか。事実として、その2種が同じ場所で共存している川・区間というのは、ヤマメとの共存区間に比べて極端に少ない。

そうしたことを考えると、アメマスがいる区間はもっとも確率が低く避けるべき場所であり、オショロコマよりも遊泳力のあるヤマメ、ニジマスはややましかもしれないが、尺サイズのオショロコマにとっては、よりエサが自由にとれる単独河川が望ましいと考えられる。

さらに追加して考察する必要がある要件は、オショロコマだけの川になった場合、群れの中でもっとも俊敏な個体ほどエサを摂ることができるが、果たしてそれは、大型のオショロコマなのかどうかという点。ちなみに海外の事例だが、大型トラウトも小型の虫を食べる傾向にあるが、大きく重い鈍重な大型魚は俊敏な中小型魚に比べて捕食率が低いという結果がある。これはオショロコマも同じではないのか。もしそうだと仮定すると、小型魚の多い河川は優先順位を下げるべきだろう。ただし、例外はいつでも存在しうる。

「例外……」と書いて思わず正気に戻りそうになったが、これはそもそもが「例外の中の例外」を捜そうという企てなのを思いだした。ということは突拍子もない、人間が思いもつかないようなところにいるのだろうか？　それとも外の外だから、案外当たり前の「通例」でいいのだろうか。訳が分からなくなってくる。

標高500mライン

石狩、天塩、十勝川の道内3大河川の源流部は、前述したロードマップの要件五つのすべてを満たすエリアである。つまり、源流かそれに準ずる区間で、山岳渓流であり、夏でも水温が低く、その下流部に遡上不可能なダムや滝があり、他種トラウトと競合しない川があるはず。どのエリアもすでに探索していたので、今回は日高山脈を訪れることにした。

日高山脈は北海道でもっとも急峻でいまなお造山活動が続く山々であり、とりわけ西の日高地方側が比較的なだらかな尾根が続くのに比べて、東の十勝地方側の地形は、平野部から急激に山地が立ち上がっており、土砂の流入や流出が多いため、渓相はもろく変化しやすい。つまり魚にとって「不安定な自然環境」で、r戦略と呼ばれる、「多数の小型魚で集団をつくり、早熟によって子孫を残す」戦略が適しているとされるようだ。北海道のオショロコマはこれに当たると

札内川水系戸蔦別川の上流部。岩盤の連続する区間。20年前からしばらく変わらぬ渓相だったが、連続台風によって深刻なダメージを受ける

される。

怪しいエリアは、その下限にあたる部分である。日高山脈のオショロコマは標高３００ｍ付近から上限まで、アメマス（エゾイワナ）も５００ｍ付近まで生息するとされている。支流枝沢には古くから砂防ダムが設置され、アメマスがほとんど生息しないはずだ。そこで私は、標高５００ｍ前後を一つの基準とし、もっとも大型に育つ尺オショロの可能性があると考えた。

ところが、である。これはある程度事前に分かってはいたことだったが、どの支流も本流筋はニジマスが優先種となっており、どこで釣っても小型のニジマスばかりである。オショロコマは同じポイントにいたとしても深い底のほうに追いやられ、エサも順当に得られない可能性が高く、つまり良型も期待できない。

探索は支流のさらに枝沢へと切り替えることにした。結果的には、それが功を奏したことになったわけである。

山脈部にある枝沢というのは、土砂の流入の激しい荒れ川もあれば、コケに覆

われた安定した沢もある。成熟の遅い大型の尺クラスは安定した流れでなければならない。たとえば、枝沢の中で比較的安定した環境といえるのは、左右を崖に囲まれた函状の淵である。少し大きめの落差があれば小さな滝壺ができ、その淵ではエサが集中的に落下し、淵の中でよいポジションに入れる強い個体は常にエサをとることができる。激しい大雨による増水もしのぐこともできるだろう。

地形図を見ると、そうした区間は川の周囲の等高線の間隔が狭く表記されているが、川通しの遡行が困難であることが多い。と同時に、そこがその区間の最後の望み的なポイントになる。

だからその日も、

「ここがダメなら今日はおしまいにしよう」

と覚悟を決めたが、しかしそうした場面ではドラマチックなことが起きるのである。1尾だけだったが26㎝。この時点で私にとっても過去最大サイズであり、今年はもうこれで充分な成果である。

これまでの理屈っぽいストーリーが、ズバリ的中したのだと有頂天になった私は、ここでさらに尺オショロを釣りあげて、自分の理屈が正しかったと確信したくなった。そこでもう一晩、近くの野営場で泊まり、別の支流を遡ることにしたのである。

小さなトロフィー

翌日はもう1本上流にある枝沢に入った。鬱蒼とした斜面に囲まれて、ゴロタ石の階段状の沢だった。水はクリア。とてもきれいだったが、砂防堰堤が数百mおきに作られて流れは分断されている。

堰堤直下は水深のある淵になっており、昨日の小さな滝壺のようにむしろ格好のエサ場になっているかに見える。すでに昨日のようなことが起きるだろうと半ば浮かれ気分。メインを食べる前に前菜を、ではないが、先に少し下の小さな深瀬をやることにした。

フライは大きめ10番フックに巻いたブラックパラシュート。少し大きいか？と思ったが、ここではもう小ものなどは相手にしていられないのだ。そして1投目ですぐに出てきた。しかも軽いドラッグをものともせず、下流に反転しての追い食い。スレッカラシとは無縁の、たぶんフライを見たことのない魚。それがロッドに乗ると思いのほか重量感がある。これは期待できるか？と、さっそくメジャーで計測すると、さらに記録更新の28㎝もある。前菜どころかこっちがメインではないのか。

そしていよいよ堰堤下である。その壺状の淵は横に広く5ｍほどあり、右手から左手奥に順に深くなっていた。一番奥の深みは薄暗かったが優に1ｍはありそうで、つまりそこに一番の大ものが潜んでいそうだ。

手前から順に流すと、やはり25㎝前後の中型サイズが次々に掛かるが、即座にリリース。私は横着して、水気を吹き飛ばすだけで同じドライフライを使い続け、それでも魚たちの反応はよかった。だが、肝心の最奥の筋を流すと、当然一発で出るだろうと思った魚が何も出てこない。二度目三度目で出るヤツがいる

苔むした枝沢は安定した生育環境に違いない。岩場を見つけてよじ登り、その先の滝壺は絶好の「尺」ポイントかもしれない

GPS に示される標高 584m。ダム等で閉鎖された上流域は、生息南限に近いオショロコマにとっても最大級に育つはずだが……

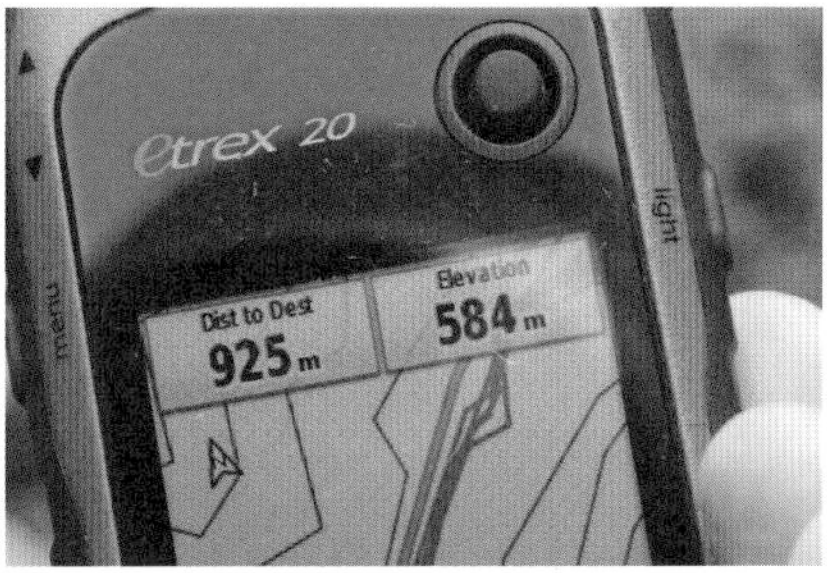

函状渓谷の淵は１級のポイント。下流からそっと近づいて魚影を捜す

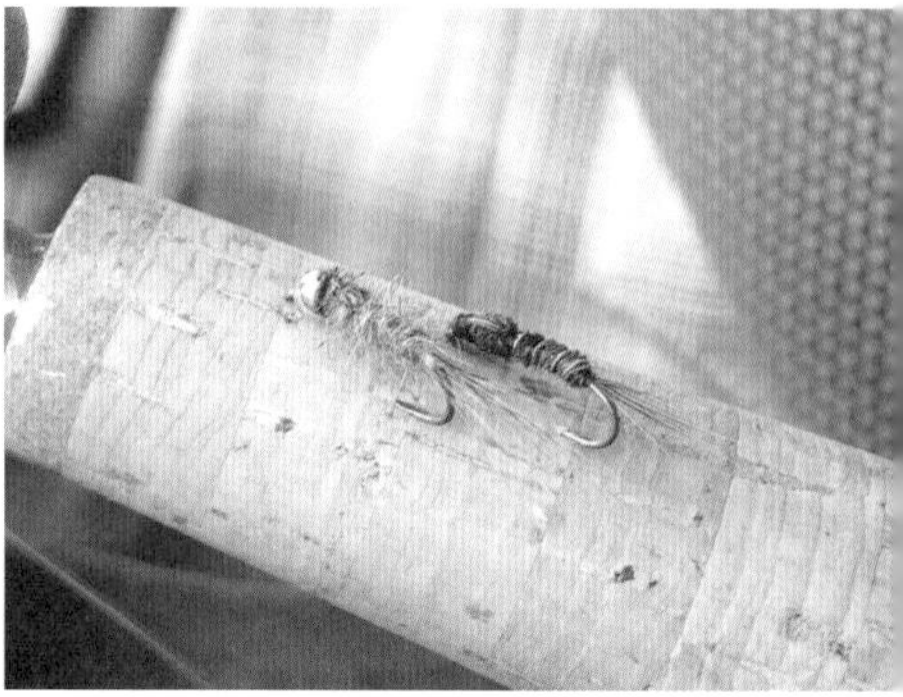

確実な釣果をねらう場合は、ベーシックなニンフで通す。ビーズヘッド・ヘアズイヤーフェザントテイル。両方とも 14 番

淵の最深部から出た、過去最高の 26cm。20cm 台の後半が出ただけでも幸運だったが、翌日はさらに記録更新へ

夏のメニューはほぼテレストリアルである。陸生昆虫の豊富な森はオショロコマを育み、釣り人は毛バリの選択にヒントを得る

オショロコマを美しく彩る朱点。ヒレの縁部を飾る白線。パーマークが虎柄のように浮き出ており、他の数尾との競争心を示しているようだ

この探釣での最大は28cm、尾端で29cm。いわゆる泣き尺オショロコマ。精悍な顔つき、体高もあり、遊泳能力の高そうな個体だ

はず。10番フックの真っ黒な陸生昆虫パターンは水を吸い、もうすっかりくたびれて、5投もすると沈んでどこを流れているのか見えなくなった。フライの行方を捜していると、リーダーが伸びているのに気がついた。

「あ、何か掛っている……！」

ロッドを立てるとドスンとこれまでにない重量感が伝わる。

「大きい！」

たしかに、薄暗い陰から出てきたオショロコマの背中は、それまで見たこともないほど太く大きかった。フライが沈んでいなければ釣り逃がすところだったのだ。これといった抵抗もなかったが、慎重に慎重にとネットへ導き、ランディングする。ネットの中で水に浸けたままメジャーを出して計測。緊張の一瞬。ついにトロフィーサイズか!?

「あ…!?」

まさかの29㎝である。正確には尾ビレの先端までの長さで、叉のくぼみまででは1㎝短く、正式には28㎝というべきかもしれない。何度か測り直してみたが、

変わらず。太くて重いのだから、情状酌量というか、加算方式というか、尺でもいいじゃん。

　いや待てよ、このサイズがいるなら、もう少し大きいのもいるかもしれない……。その前後、上へ下へと1時間以上粘ってみたが、それ以上のサイズは出なかった。

　この年に関しては、目差すサイズに飛躍的な向上があった。翌年も当然目差していたが、大型台風の通過でこのエリアの林道はすべて崩落、しばらく閉鎖が続くことになった。数年後に修復されて向かってみると、なんとも無残な姿になった沢があった。堰堤はかなりの部分でダメージを受けていて、すべて赤茶けた土が剥き出し土砂に埋もれており、工事車両が新しい砂防堰堤を建設している。消えてしまったのだ。

　人工的な建造物が尺オショロコマを育んでいたのはおそらく間違いなかっただろう。それは気候変動による強大な台風によって無残にも崩壊、消えてなくなってしまった。何とも無慈悲な、いや皮肉な結果である。

　ところでこの手の釣りは、本人がコツコツと楽しむタイプのものだ。人と競うことで釣りが上達し、釣れない魚が釣れるようになるのは楽しいが、1尾を捜し出す釣りもまた楽しい。わずか1㎝の大きさの違いで一喜一憂するのは、釣りを離れて考えてみるとずいぶんとちっぽけな話だなと思うが、こだわった人間にしてみると、なかなか超えられない大きな壁、挑戦しがいのある些細な目標とも感じられるのである。

オショロコマの生息する支流群に乱立する砂防堰堤。魚道もなく、生息する個体群は分断される。こうした川のイワナは消失する危険性があることも忘れることはできない

盛夏になると山間部へと向かい尺オショロコマを探す旅。2006 年に始めて 15 年ほど続けてきたがいまだに 30㎝の壁を超えてはいない。旅は続く……

ランガン式キャンプ

釣りもキャンプもランガンスタイル

盛夏のキャンプはそれこそどのようなスタイルでも可能だし、ソロにしてもグループにしても各々が楽しめる季節だ。その中であえてオススメがあるとしたら、ランガンスタイルの釣りに合わせた「ランガン式のキャンプ」。簡単にいうと、コンパクトな装備で移動も苦にならない方式のキャンプということ。

現在のキャンプは多くの快適装備を揃えた大所帯か、あるいはブッシュキャンプという、人力で火を起こすようなテクニカルなソロキャンプなどに分かれるが、機能性でいうとオーソドックスなスタイルが簡単便利である。山岳系の小型テントを使い、せいぜい雨よけなどのタープ、それにイスとテーブル、あとはボックス一つ分に入るだけのガスなどを使った調理器具という、昔ながらのキャンプスタイルが気軽に行なえて移動を繰り返すのに便利なのだ。これで充分に釣りキャンプは楽しめるということにもなる。

真夏の暑さを避けて、標高の高い山間部のキャンプ場を転々とするのもいい。水温の上がる季節なので、その点でも適している。

かつて北海道内の山間部に、質素なキャンプ地が林野庁や地元自治体によって作られた。石狩川や天塩、十勝川水系などの主だった一級河川の上流、支流には今でも夏場だけオープンしているキャンプ場という名の野営地がある。おもに登山客向けで長居をする場所ではないが、ランガンスタイルにはむしろおあつらえ向きといったところ。

こうした野営地は人里から離れていて、水場と汲み取り式の古いトイレがあるだけという簡素さだが、夏場の小渓流の釣りなどには悪くない場所だ。携帯電話の電波も届かなければ、ある意味とてもシンプルにキャンプを楽しむ夜を過ごせる。釣った魚をＳＮＳにアップする必要もないので、あくせくせずに済むはずだ。

質素なキャンプならば道具もシンプルにするのが相応しい。簡単に設営撤収が出来る小型のテント、タープ、それに前述したようにボックス一つで収まるほどのキャンプ道具があれば十分だろう。

私が個人装備として近年好んで使うのは、小型のカセットコンロと収納型ランタン、これらの燃料をカセットガスに共通化している。ランタンは着火するとけっこうな熱量なので、タープの外に設置して、タープの下には発熱しないＬＥ

タープと小型テント、イスと小型テーブルのシンプルスタイルが設営にも時間がかからずにいい。夏場の涼しい山間部には、シンプルなキャンプ場がある。持ち込むキャンプ道具が少ないと身軽で、移動も楽だ

Dライトを置く。春や秋のキャンプと違って豪華な食事をすることもないので、お湯を沸かせる簡単なクッカーとポットにコーヒーとホットサンドメーカーなどがあればいい。夜はご当地のジンギスカン肉が楽しみなので、焚き火台を流用して炭火で焼くこともあるが、あまり暑い夜には火を起こさずに、静かにランタンの明かりだけで夜の世界を楽しむ。

真夏で夜の気温が20℃を下回らないときは、発生したアブが日中だけではなく夜中も飛び回っていることがある。北海道でもこうした日が増える傾向にあるので、タープはメッシュの付いたシェルター型にすると心地よく過ごせる。タープの中で火を起こすときは、風通しもよく、熱もこもらないのでおススメだ。

キャンプにはあまり興味はないが……、あるいは面倒だという人におすすめなのが、カーサイド・オーニングを使った簡単なキャンプだ。広げたオーニングの下に、イスとテーブルを出し調理をする。あるいは焼き肉セットを出してビー

夏キャンプに持ち出すコンパクトな道具例。1～2人対応。コンロは小型で収納に便利なイワタニ製の「タフまるJr」。ランタンは使わない時はスライド収納できるユニフレームの「フォールディングガスランタン UL-X」。燃料がカセットガス共通なので持ち運びに便利。クッカーはこれも収納性重視でスノーピークの「ヤエンクッカー1500」。鍋とフライパンが重なり蓋は共通。朝食用にコーヒーのドリッパーとホットサンドメーカーでというのが定番メニュー。紙ナプキンがあると何かと便利なのでオススメ。すべてプラ製の大型ボックスに収納可能だ

元祖というべきスノーピークの「焚火台M」は、焚火もできるが炭火で焼き肉やジンギスカンができる。炭や着火剤など匂いがきつく汚れてもよいものと一緒に左のコンテナボックスに収納。右は水タンクとポリバケツで簡易的なシンクを作ると、キャンプ場の炊事場へ通う必要がない

ル片手に外の景色を味わう。これだけでも、車の中に閉じこもって寝泊まりするよりも圧倒的に開放感がある。ソロの釣りは、どうしても自分の世界に閉じこもりがちだ。せっかくフィールドの近くにいるのだし、暖かい季節なのだから、外へ向かって開放的にいきたい。

釣りキャンプに決まったスタイルはない。各々が自由に、過ごしやすさを味わいながら自然を満喫できればいいのだ。

簡易キャンプとパンケーキ

十勝川源流には、さほど大きな魚がいるわけでもないのに、尺オショロコマなどをねらってこれまで何度も足を運んできた。そこに気に入ったキャンプ場があったからだ。正確には十勝川と分かれた支流、ユニトムラウシ川の上流部にある。山奥だが一軒だけの温泉宿があり、そこからちょっと離れたところに野営地がある。ほぼ登山客用で、混雑している気配はない。しかし勘違いしてはいけない。一般的なキャンプ場としての快適さはほとんどないからだ。

ただの素気ない「野営地」。芝生ではない下草と湿ったコケ、デコボコの下地、蚊もたくさん、眺めもよくない。沢水の水道（検査はしているらしい）、最近水洗化されたトイレ、たぶん一般の方々からすると、薄気味悪く感じるほどの鬱蒼とした森。奥からヒグマが出てきそうな気配だ。でも、ちゃんと250円の利用料が掛かる。そのおかげでいつも空いていて気軽に泊まれる。ともあれ、人里離れた山奥にありながら、水もトイレもあって、しかも立派な温泉宿もある。山奥の小さな贅沢、それだけでも素晴らしい。

東大雪荘というその温泉宿は、日帰り入浴もできて登山客に大人気の宿だが、料金は少し高め。売店にはスナックのほか、カップヌードルやレトルトカレーなどもある。買い出しを忘れると新得町まで50㎞以上走らなければならないので、これは非常用に便利だ。

実際にある年、私はうっかり食料を買い忘れたままここに来たことがあった。そのときの話をしよう。

常時キャンプ生活をしているので、いくばくかの食料はストックしてあった。クーラーにはアイスコーヒーと瓶ビール、それに氷も入っていたが、食料箱には3枚の食パン、米にレトルトカレー、サバ缶、芽が出てきた玉ねぎ、魚肉ソーセージ数本のみ。

1日目はまだよかった。2日目はすぐに残りが怪しくなったものの、気にせず食べていたら、3日目の朝には困ったことになっていた。そこに箱の底から登場したのが、ずいぶん前に買ってあったパンケーキ用の「そば粉」である。仕方がないのでパンケーキを作ることにする。

そもそも「そば粉でパンケーキ」は、ヘミングウェイの短編小説『心が二つある大きな川』の影響からだ。物語の中で、傷心の主人公が一人で野原の中を流れるマスの川へ行き、そこでキャンプをして、そば粉でパンケーキを作るシーンが出てくる。たいしたシーンではない。ただパン粉を川で汲んだ水で溶いて、フライパンで薄く焼くだけなのだ。だがなぜか少

下界のキャンプ場が明るくにぎやかな時、源流近くのキャンプ場は満天の星空。これだけでも来たかいがあるという美しい夜空

然別川支流にある野営場には川辺に野天風呂がある。釣りの後はのんびり漬かって疲れをいやす

年時代の私は、そのシーンに心躍ったのである。旨そうだなという感想だけではなかったはずだ。

今なら、それが次の釣りのシーンへとつながる大事な余興だと理解できる。美味しそうな食べ物を作り、それを昼食用にとバッグに詰める。それがどんな大ものがいるのか分からない未知の川へ挑む下準備、ある種の期待感を暗示しているのだと読める。それほどこのシーンでは、ただのパンケーキが実に美味そうに描かれているのだ。

ヘミングウェイよろしくそば粉のパンケーキを作る。温かいうちはまずまず、冷めたらボソボソで喉も通らない代物に……

以前、輸入雑貨の店でガレット（フランス版パンケーキ）用のそば粉を見つけ、衝動買いしたが、大して美味い物でもないだろうと高をくくってずっと車の食品庫に放置してあった。かれこれ3年くらい経つ。消費期限の文字は掠れて読めない……。

朝の一杯のコーヒーがゆったりした気分にさせてくれる。メッシュフィルターに粉を入れてお湯に漬けるだけの簡単コーヒー

結論を述べるとしよう。賞味期限不明にもかかわらず、そば粉のパンケーキ、温かければ、なかなか旨かった。魚肉ソーセージとタマネギを炒めたものを巻いて塩コショウだけもよく、デザート用にハチミツをかけてもよかった。

だが、冷えるとまったくダメだ。焼いた直後ならそば粉の風味もあったので旨く感じたのかもしれない。昼飯用に川辺で食べてみると、冷たい生地がボソボソとして、朝よりも粉っぽく、喉を通らないほど。ただの粉の塊のような感じ。もっともこれは、作り方の問題かもしれない。もっとたっぷりと食用油、できればバターをたっぷり、小麦粉を少し混ぜるとか。そもそも新鮮であれば少し違った食べ物だったかもしれないが、たぶん、たいしたことはないだろう。本当に美味ければ、もっと普及しているはずだし。作家の表現にまんまとだまされたことにして、この料理は忘れたいと思う。

モスキートネット（蚊よけ）とも呼ばれるタイプのメッシュ付きタープ。真夏なら朝から晩までアブに悩まさられることがない重要なキャンプ必須道具

移動続きなら車中泊にオーニングを広げて簡易キャンプ。イスとテーブルに調理が出来るだけでもキャンプの雰囲気は味わえる

渚滑川と本の旅

本文の舞台となった12線の看板。滝上町は林業と農業が主な産業の小さな山間の町。渚滑川が大きな観光財産でもある

谷を降りて岩壁の大淵を覗いてみる

国道273号を下って、「十二線」と書かれた看板を右折する。コーン畑脇の砂利道を少し行くと谷底へと下り、行き止まりで車を降りる。クラクションを二度三度けたたましく鳴らして、ヒグマ避けをしてから、川へと降りた。ねらいはレインボートラウト。

渚滑川中流域で屈指のポイントである。対岸に渡り、淵の底を覗いてみる。

大壁が流れを遮り、大淵を形成していた渚滑川屈指の釣り場。昔と変わらず高く壁はそびえているが、直下の淵はずいぶんと浅くなっているようだ。それでも、今も１級ポイントであるのは変わりない

少し濁っていて何も見えなかった。だが、たぶん、いいサイズのニジマスが潜んでいるに違いない。想像が大事なのだ。

上流のややフラットな長瀬で、ライズを見つける。大きいとも小さいともいえないような波紋。午後もすでに遅く、小一時間もしたら谷は薄暗くなるだろうという時間帯。フライはいつもどおり獣毛系の大型カディスパターンに、と手が伸びかけて、いや待てよ、と小さな別のケースを取りだす。クラシックなロイヤルウルフ12番を結ぶことにした。

本に登場するドライフライは3種で、ブラウンセッジ、マドラーミノーとこれ。大ものを釣るためにマドラーミノーを使っているが、ライズを見てしまった以上、フライは小さめにしたかった。

さっそく25㎝ほどの小ものが続いて2尾。魚影の多い川なのだから、まだまだ序の口といわねばならない。大本命というべきポイントは岩壁直下の淵から下流に続く瀬。入渓点から近すぎるとはいえ、暗くよどんだ深みには大ものが潜んでいそうな気配が濃厚だ。

神々の子孫たちとのストーリー

１９８０年代後半から90年代にかけて発刊された『カムイたちの後裔　鍛冶英介著』（つり人ノベルズ）とそのオリジナルの『川と湖のカムイたち』（講談社）は、北海道では多くの釣り人のバイブルのような存在である。16篇の短編からなる、80年代以前の道内各地の河川湖沼を釣り歩いた釣行記である。

カムイとはアイヌ語でいう神や精霊のこと、後裔《こうえい》とは血のつながった子孫のことを差す。つまり、この本のタイトルはイトウやヤマメなどの釣魚を神々の子孫と名付けている。彼らが神のような神聖な存在だとたとえているが、それはタイトル上、象徴的に使っているだけのようで、本文中にそのような具体的な記述があるわけではない。

この本は魚たちあるいは友人たちの交流を描いたいわばエッセイであり、釣り人の熱い思いを素直に描いた傑作だ。著者自身が自分で釣り歩き、友人たちと戯れ、感動を素直に表現し、魚への敬意というものが静かに漂っている。釣り人としての実直な衝動は釣り人のロマンを駆り立ててくれ、友人たちとの交流が作品の中で内容をより軽快なものにしている。

発刊当時、夜学部の学生でアルバイトをしていた私は、札幌旭屋書店の書棚でこの本を見つけたときのことをよく覚えている。最初の数ページを読むだけで全身が興奮するのを覚え、

「この本は立ち読みするのがもったいない！」とばかりに即座に購入した。以来、しばらくの間、何度もじっくりと繰り返して読む愛読書になった。本に書かれている川は全部行ってみたくなり、登場するフライを巻いたり、同じように出てくるアウトドア用品を買い揃えたりもした。

どれも思い出深いエピソードだったが、当時もっとも興味をひかれた釣りは、ニジマスを相手にしたいくつかの節である。自分が釣ったそれまでの中小のニジマスとは、まるで別の世界の魚のような表現だった。飛んだり跳ねたりはともかく、テールウオーク＝尻尾で水面を歩くように跳ねるニジマスの話は、経験のない若者の心をつかんで離さなかったのだ。

巨大なニジマスとの格闘とその結末、

オホーツク海にそそぐ渚滑川、その中核にある滝上町は、静かでこぢんまりとした山間の町だ。街の真ん中を川が流れており、渓谷となっているが、その一角に質素なキャンプ場がある。近くに入浴施設もあり、便利なので渚滑川を探索するときはよくここをベースにしてきた。今回もこのキャンプ場で、改めて本を持ち出して、その記述を追って釣り回ってみるところだった。

本文の後半に出てくる渚滑川を舞台にした「闇の中の格闘」は巨大ニジマスとの格闘である。最初は軽快に始まり、最後には心揺さぶれられるようなエンディングを迎える傑作だ。

町内の公園片隅にあるキャンプ場。トイレや水道、とりあえず入浴施設もそばにある。渓谷になっているが川も歩いて行ける距離

「だれかが今そこで大便をしていったらしい、釣り人の風上にも置けないやつなんだ…」そう言っている傍から、ヒグマが葉を揺らしながら悠然と歩いて行く。渚滑川の釣り場風景としてこれほど相応しい出だしもないだろうと思う。今も昔もこの川は多数のヒグマが生息地にしていることを想起させるからだが、表現は必要以上に危機を煽《あお》るものではない。そこに時代の変化を感じるが、ヒグマに関する特別な一節を設けて、その危険性や対処などについて述べている。

　圧巻なのはそんなヒグマの生息地であるにもかかわらず、夕暮れを過ぎ、暗闇のなかでも釣りを諦めきれずに続けて、ついに超大ものレインボーを釣りファイトするシーンである。

「見えないことが、こんなにハンディキャップになるとは……（中略）これは本当にレインボウトラウトなのか。この激烈なファイトぶりは、とても魚の仕業とは思えない。さっきは二人とも見間違ったのだ。きっと大蛇だ。巨大なヘビがフライに食いついているのだ」

大蛇。なんというレトロな表現。ヘビは神聖なものの化身として日本神話に登場する生き物であり、この本でも特別な存在として白いヘビが別のエピソードで登場している。

ヘビはともかく、現代なら夜釣り自体が非難の的になるかもしれない。ヒグマの生息地で釣りをするなんて危険すぎるとか、魚に対して卑怯だとか。だが、危険を承知で釣りに挑む、そのほうが文学的に面白いのは間違いない。冒頭に軽々しく登場するヒグマの記述がここで効いてくるのだが、ヒグマが背後を歩く河原で、音を頼りに大魚に挑むなどと、想像しただけで背筋が凍りそうになる。脳裏に浮かぶような強い想像をうながす文章こそ、執筆者の本望というところなのだろう。

そしてついに現れる巨大なニジマス。

「二人のライトの輪のなかで泳ぐレインボウトラウトは、彼が言ったように体長八十センチ以上あったのかもしれない。二人ともその巨大さに度肝を抜かれ、言葉も出てこなかったのだから」

本当に80㎝もあるニジマスだとしたら、希に見る大ものだったということになる。闇夜の釣り、どうもはっきりしない大きさのニジマス、暗闇で偶発に釣れてしまった得体の知れない巨大なマスは、やはりそう簡単に手の触れられる魚ではない、という結末。私の若く未熟なロマンはどこまでも募っていくのだった。

現実的な結末というところの落ち

さて、キャンプで1泊した私は記述のあった12線のポイントで、薄暗くなる前に一発掛けたいと考えていた。

大壁直下はおそらく当時とは比べ物にならないほど浅くなっている。なんということのない瀬になっていたが、そのちょっと下流には深瀬がある。80㎝はいなくても50㎝オーバーの良型がいてくれたら御の字だ。

本文中にはアレキサンドラで47㎝を釣ったとある。つまりウエットフライを使い、釣り下ったのだろう。アレキサンドラならニンフボックスにいつも忍ばせてあって、ならば私もと、それを結んで流れに放り込む。フライを流しながら左岸へと川を渡り、一通りポイントをさらってみたが反応はなかった。歩きながら間違って釣れるかもしれない、といった程度だったからなのか、見返りは何もなかった。

さらに下流側は一段深い個所があるようで、対岸寄りが一層黒々して見える。そのポイントで一番の魚は、一番深いところにいるはず。流心の向こう、対岸の深みをねらうことにする。フライをまたドライフライのロイヤルウルフに戻し、ポイントの真横まで歩み寄ってスラックキャスト。ティペットは2mも結んであるので、フライはしばらくの間、流心脇の流れをゆっくり漂う。

と、そのとき、水しぶきが飛び散りフライが水面から消えた。ロッドを素早く立てて合わせると、重いショックとともに、水面下でグネグネと蠢《うごめ》く魚体が見えた。手元には体をよじるような動作が伝わって来る。

のっしのっしと歩く姿が想像できるヒグマの足跡。オホーツクの山間部は古くからヒグマの多いエリアだ

本の中にも出てくるウエットフライ「アレキサンドラ」。ボックスにはいつも１本は入れておく

水しぶきを上げて飛び出した45㎝ほどのニジマス。ヒレがよく伸びて美しい魚体。十二分に満足のいく一日になった

「まさかヤマメ？　それともアメマス？」

次の瞬間、堪え切れなくなったエネルギーが爆発したかのように水面が大きく割れた。

「きた、ニジマス。大ものか!?」

素早く鋭いジャンプ。だが、大げさな出方の割には大したサイズではなく、45㎝ほどのようだ。呑気に構えようとしたが、なかなかどうして、力強く簡単に寄っては来てくれない。ラインを回収してリールファイト。ランディングして納得。えらくきれいな魚体でまた驚かされた。

どのヒレもきれいに伸び、ウロコはまったく剥がれておらず、健康的な姿である。水に浸けたまま写真を一眼レフで数枚収めて、流れに戻すと、さっそうと泳いで消えて行った。久しぶりの渚滑川ニジマス、テールウオークこそなく、もちろん80㎝に迫るような大きさのものでもなかったが、生命の力強さを充分に感じさせてくれるニジマスだった。

本が執筆された80年代と今では、川の環境も社会的な背景も大きく様変わりした。それでも、形を変えて魅力ある釣りシーンは展開されている。昔はよかったが……といった悲観的なことばかりではないのだ。

現代の渚滑川にまつわる話は、「キャッチアンドリリース」区間を中心に多くのレポートがされてきた。滝上町や「NPO法人渚滑川とトラウトを守る会」の方たちの長い活動によって、近年は魚のコンディションが向上し、理解ある釣り人が増え、気軽に釣れる放流ニジマスと、迫力あるファイトを見せる野生化したニジマスが混在している。時代は変われど、多くの釣り人を楽しませ、時に夢を見せてくれる川の存在に変わりはない。

通称「釣り小屋」は釣り人の情報交換などもできるロッジ。NPO法人・渚滑川とトラウトを守る会の象徴のような存在

滝上町のある渚滑川は「キャッチアンドリリース区間」が設定されて、ニジマスなどのトラウトが保護されている北海道でも貴重な川である

北海道の四季とマス釣りキャンプ旅

道具類大公開

FISH CAMP LIFE GEAR

釣り具　夏・秋編

自身で釣行するときのベストと中身。２～３個のフライボックス、リーダーとティペット、フロータント各種、プライヤーやハサミ、流下ネットやストマックポンプ、虫よけスプレー、爆竹。胸に付けたクロス（布）は、フライの水を吸わせて付けすぎたフロータントを取り除くのにも使う

北海道の渓流の標準タックルは５～６番で８ft6in ～９ft。小型のフライを使うマッチング・ザ・ハッチの川では４番で同じ長さが使いやすい。いずれもミディアムファストアクションがオススメだ

オーソドックスなスタンダードトフライパターン。エルクヘア・カディスやブラックパラシュートはサイズさえ揃えておけば、たいていのライズの釣りに対応できる。入門者には特におすすめだ

10ft のロング・シングルハンドロッドは中流域のウエットフライや水面のスケーティングの釣りにうってつけだ。組み合わせるスイッチロッド用のラインでかなり自由度の高いスイングの釣りが可能になる。また、止水の岸近くを回遊するトラウトにも静かにラインを落とせるので、ダブルハンドよりも警戒されなくて済む

小渓流で軽快に釣りをするときは、クラシックな防水の布バッグにオービス社の古いバンブーロッドを使う。味のある釣りをすると気分もスローになる

ウエーダーはトラウトフィッシングの基本アイテムの一つ。これがないと釣りにならないのと、丈夫で水漏れの心配の少ない信頼できるものが、結果的に長持ちしてコストパフォーマンスもよい。毎日水に浸かるガイドを仕事にしていると重要さを痛感する

あまりにも著名なドライフライ「アダムス」のパラシュートパターン。メイフライにもカディスにも見え、サイズ違いで 18 ～ 10 番まで揃えておくと、水生昆虫の多くの状況で対応できるようにもなる

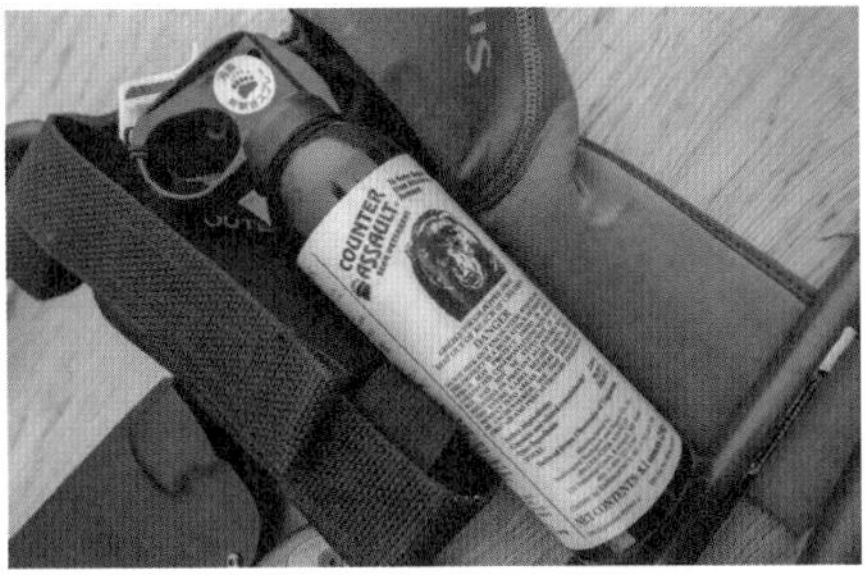

ベアスプレー。トウガラシから抽出されたカプサイシンを高圧ガスで飛ばす装置。射程距離は製品により 5 ～ 10 mと開きがあるが、いずれも近くに寄ってきてから使うもの。それ以前に、鈴の音や声を出してクマを引き寄せないことが肝心だろう

最終手段の大型ナイフ。ヒグマに襲われた場合、反撃して生き延びた人とそうでない人に差があるのだとか。素手よりも圧倒的に戦闘力が上がるナタや大型ナイフは古くから山歩きの一つの基本だった

山間部での渓流釣り上り時には、腰ベルトにフル装備でヒグマ対策をする。流れの速い場所では折り畳みのストックが心強い。カーボン製で軽量、ガイドの時も安心だ

ラフトボートを使ったドリフトフィッシング。川幅の広い場所や人の入れない区間を釣ることが出来る。丈夫で高価なボートにアルミフレームとオールで本格的にリグを組むと操作性が格段に上がる。北米ではごくポピュラーな釣り方だが、北海道では狭い川や釣り人の多い川では実質的にドリフトは出来ない。他の釣り人の迷惑にならないのを見定めることが重要

釣り具　春・冬編

13ft 8番のダブルハンドロッド（写真上）、11ft 6番のスイッチロッド(写真下)。より重いフライ、重いシンクティップなどを使用し、流れを広くフォローする場合はダブルハンドを選択。より小型のフライを使い、手返しと岸近くをねらう場合はスイッチロッドをチョイス。大ものを大場所でねらうことが増える春と初冬の下流域では、ダブルハンドロッドに分がある

ラインの回収に便利なグッズ。サイエンティフィックアングラーズ社の「SA レギュレータースプール」。現場で交換するときにも活躍する優れもの

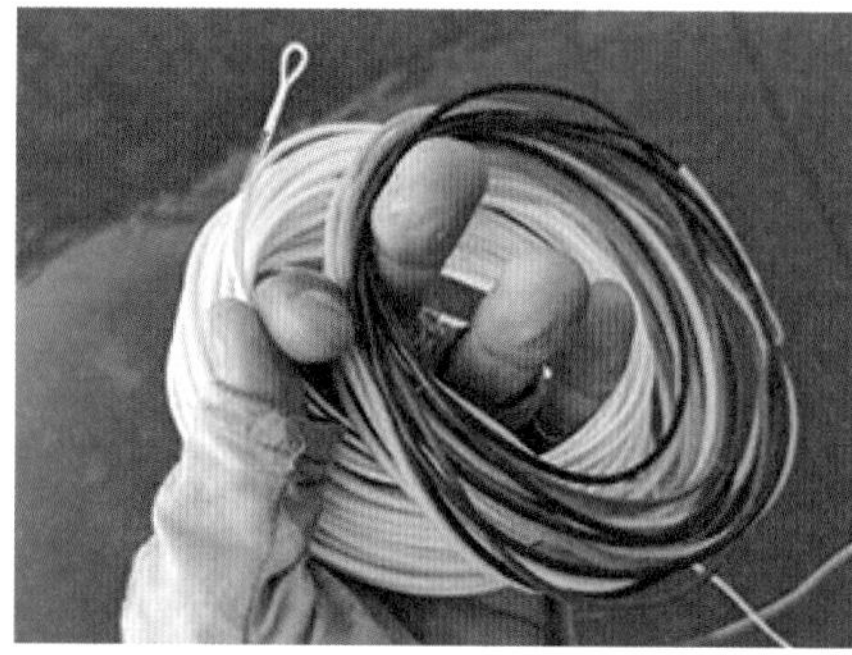

ダブルハンドロッドを使用する場合はラインの選択が重要だ。下流部でリトリーブの時はスカンジナビアン系ライン、流れの速い区間ではスカジット系ライン。どちらもランニングラインに接続して使うため、バッグに収納して持ち歩く

トレーラーフックを使った大型のストリーマー。ファンシーなマテリアルを組み合わせて「よく動くフライ」で流れの中のアメマスを誘う

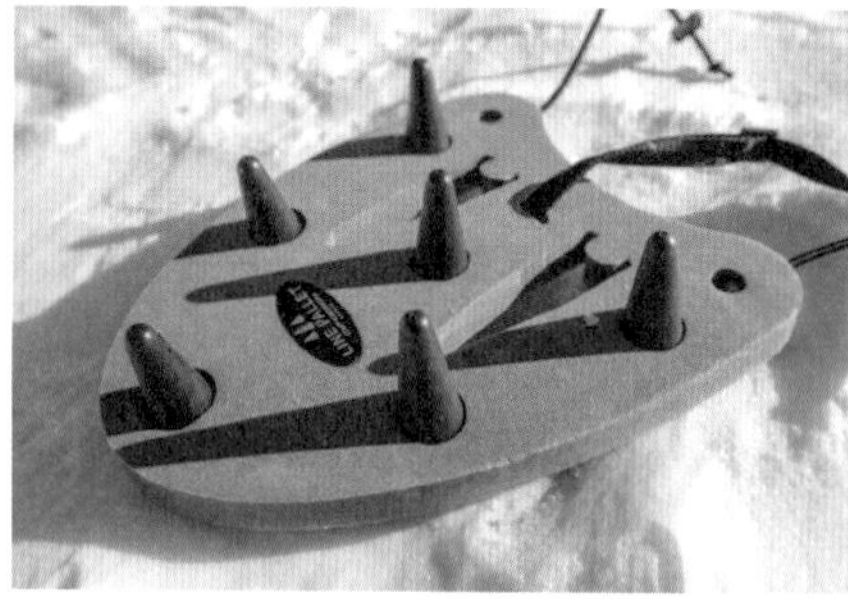

本流部で遠投が必要な時にあると便利なラインパレット（C&F デザイン社）。特にリトリーブをして釣るときには絡まらず、次のキャストも容易になる。止水でも使えるので一つあると優位に使える

寒い季節のウエーダーは、一体型のブーツフットとストッキングフットを使い分けている。車からすぐ近くでじっと動かない時は前者、長い距離を歩く場合は後者。どちらもインナーにはシンセティックの中綿の入ったパンツを履く

雨雪の多い季節のタックルバッグは完全防水をうたうスリングバッグを使用。中に小型の一眼レフカメラも収納できる。外には小型のタックルバッグを取り付けて出し入れを容易にする

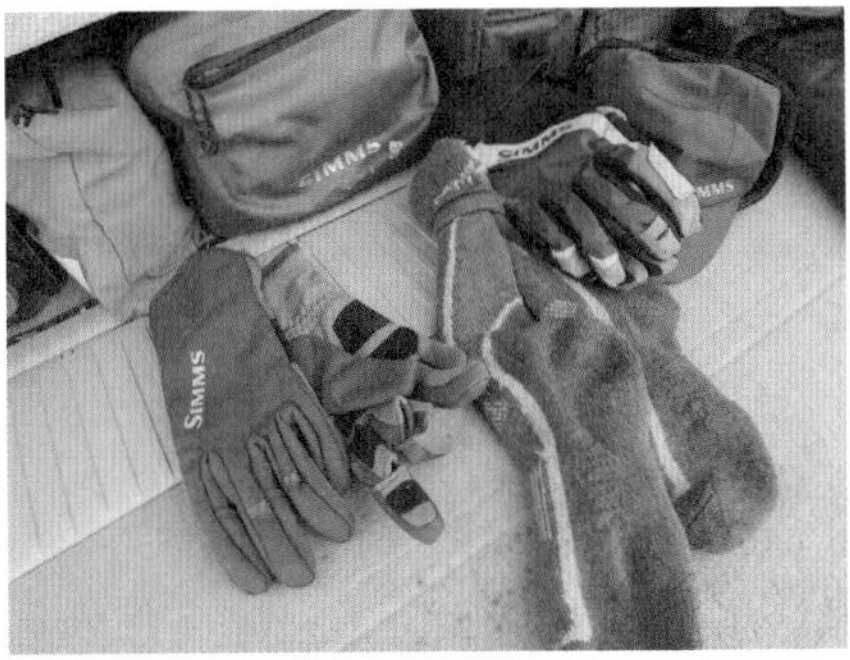

厚手のウールソックスをインナーとアウターに履き、グローブも条件に合わせて使用する。指先が出てキャスト時には指が隠れるタイプのグローブがオススメだ

ロールキャストを多用し長いリーチを生かせる。ファストアクションよりもミディアムアクションがオススメ

探索の釣りにあると便利なアイテムの一つ、スノーシュー。雪の多い年、柔らかい雪の積もった河畔での疲労が格段に減り、より広範囲に探索ができるだろう

下流部や汽水でも小河川のアウトリガーでも、シュリンプやスカッドのフライは必携のパターン。このタイプで数々の大ものと渡り合ってこれた

車道具

カーサイドタープを張って簡易キャンプ。寝るのは車中か、小さなテントを出す。移動が多い釣り旅のときでもストーブを出して夜は暖まりながら、音楽を聴いたり、本を読んだり、アマゾンプライムを見たり

製造から20年以上、40万ｋｍ走破済みの日産サファリ・ディーゼル。当時、世界最高の走破性を目差して作ったという技術者のインタビューを読み、長らく憧れていた車両。釣りキャンプ+ガイド車両としてこれほど頼もしいＲＶはない

まだ素人が手を入れて修理が出来る部分の多い90年代の車両。自分で随時メンテナンスをして、調子を保つ必要がある

荷室に引き出しを作り、バックドアを開けて簡易的な台所を製作。寒い季節の釣りでは車に戻って、お湯を沸かし、コーヒーやカップラーメンをすする

キャンプ道具の全部をそのまま積み込んでも余裕ある広さ。しかもフロアに布団を敷くとそのまま生活できてしまう。恐ろしいほど自堕落な方向に流されそうで、非常に危険な感じがした

前の車両が急遽、廃車になり長期で借りたハイエースバン。仕事の車ということもあり、乗り心地や雰囲気よりも、荷物を低燃費で運搬することが目的という代物。価値観を捨てるとこれでいいという感じだ

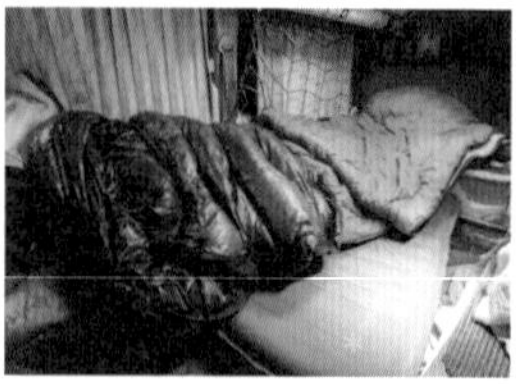

ハイエース後、似たような収納性の高いミニバンを購入。収納とベッドを兼ねた寝室兼釣り車両をしばらく使用した。……やはり退廃的な生活になってしまう

４ＷＤだがＲＶ車とはまったく走破性が違う。川べりで簡単にスタック。携帯の電波も届かず、脱出するのに半日を要した

フィッシュキャンプ道具

メッシュで囲まれたシェルター。スノーピーク社の「カヤード」。蚊やアブの出る夏季のキャンプには必須のアイテム。キャンプガイド時にゲストと過ごすダイニング用として、中に長テーブルや人数分のイスを設置して使用。3人ほどなら余裕をもって快適に過ごせる

キャンプダイニングのシステム。テーブルのフレームに炭床やガス台などさまざまな用途に合わせて組み立てられる。スノーピーク社の「IGT」システム。グループでもソロでも組み合わせ次第で対応が出来る。10年使っても壊れない頑丈な製品群だ

キャンプガイドでゲストにレンタルする就寝用のテント。4人用を1人で就寝するくらいがちょうどよいようだ。テントはスノーピーク社の「ランドブリーズ4」。裾にスカートと呼ばれる風を遮断する布幕があるタイプで寒冷期でも対応する

2人用に設計されたドーム型シェルター・テント。スノーピーク社の「タシーク」。1人でベースキャンプとして利用するのにちょうどよい。風にも寒さにも強く、サイドウォールが直立に近いため、足元から頭上まで広く利用できて快適。とてもよく設計されており、にわかブームのブランドとは一線を画している。廃版のタイミングで購入し、ガイド時の滞在先として利用している。多い年は70日ほど連続で過ごしたが、まだまだビクともしていない。永久保証の耐久性にアフターフォローとプロ利用にも信頼できる最適なブランドだ

メッシュ付きのタープの下でうたたね。深夜でも20℃を下回らない真夏のキャンプでは、テントの中よりも快適に眠れることも

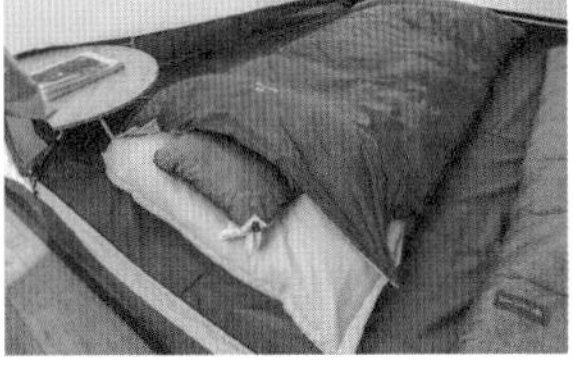

テント内部には下敷きのウレタンマット、その上にスリーピング用のエアマット、そして寝袋が基本。一昔前に比べると、格段に向上したのが寝具の一式。テントの設営場所が平らであれば、非常に快適な睡眠が得られる

ワンポール型テントの内部。フロアに６～８人並んで就寝可能とうたわれているが、サイドの壁が傾斜しているため、広い感じはない。コットや薪ストーブを入れると、ほぼ１人用という感じになる。入り口から外を眺められるのがいい

初冬～春先の積雪時に使用する、ワンポール型、ティピー型とも呼ばれるテント。ノルウェーのヘルスポルト社の「フィンマルク６―８」。ワンポールテントはアウターのシェル（布）の底部の各所を地面に打ち付けて、ポールの張力で自立させる。風対策は張り綱が命で、このモデルは猛吹雪にも耐えられる構造。綱数が異常に多いので、風の穏やかな時は間引いて張る

焚火をするためのその名も「焚火台」。これはオリジナルのスノーピーク社製の、ＭとＬサイズ。頑丈さのためかなりの重量級だが、折り畳みの収納式になっていてかさ張ることはない。炭の高温にも難なく耐え、使用10年を超えても歪みすら出て来ない。50年くらい使えるのではないか。キャンプの炎は、なごみ、癒し、感性を豊かにさせる効能があるようだ

スウェーデン・トーチと呼ばれる丸太の素焼き。縦に深く切れ目を入れて、燃焼材を投入して火をつけると、中からゆっくりと火が回り、なかなか見栄えのする焚き火になる

クラシックなガソリン式のキャンプバーナーのシステム。火をおこすのもひと手間あるが、それもまた楽しみの一つ。ランタンとバーナーで燃料を共通化できるというメリットも

寒冷期に必要な暖房器具のうち、焚火の延長にあるのがキャンプ用の薪ストーブ。同じく暖かさと不思議な安らぎ、それに火の世話をするという楽しみも与えてくれる

ユニフレームの「スキレット10インチ」。分厚い鉄製で調理する食材にまんべんなく熱が回り高温にも低温にも対応できる。金属加工の町、新潟県燕市で生産される日本製。個人的には、生涯5個目となるキャンプ専用のフライパン。買い過ぎか？

キャンプコーヒーといえばこれ、というほど古くから利用されてきたパーコレーター。ポット内に豆を入れたカゴを設置し手蓋をし、沸騰したお湯がカゴを通過して、何度も循環することでコーヒーが抽出される仕組み。現代にあっては、なかなか原始的なコーヒーが楽しめる

その場で豆を挽いてコーヒーを淹れるための器具。折り畳み式のドリッパー、豆のグラインダー、カップやポットはすべてチタン製で軽量化

ソーラーパネルとリチウムイオン電池内臓のポータブル電源。ＬＥＤランタン、プロジェクター、スマートフォン、モバイルノートＰＣの充電にと役立つ。100Wのパネルで500whのバッテリーだと２日ほどで満充電になる

長期滞在のクーラーは悩みの種の一つだが、カセットガスや電気をつないで使用できる３ウェイ式を使用。ドメティック社の「ポータブル冷蔵庫」。内部に霜が付くほど冷えるが、カセットガス仕様で24時間の稼働時間だ

自前の簡易水場。簡単な給水と汚水装備を用意しておくと、キャンプ場の流し場まで頻繁に行く必要もない。10リットルタンクで、２人分の調理用の水、食器洗い、コーヒー10杯分くらいであれば、３日分は持つ

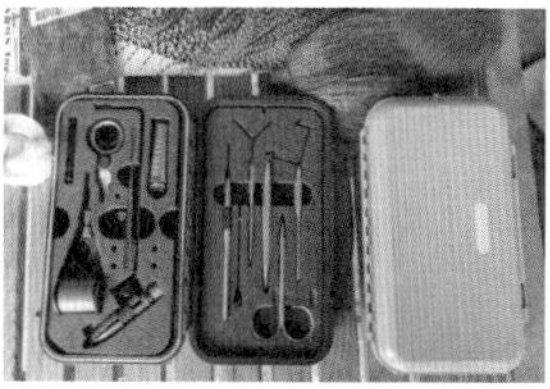

キャンプ地でのフライタイイングに使用するコンパクトなキット。Ｃ＆Ｆデザイン社の「マルコポーロ・フライタイイング・システム」は機能的で軽量ながら、複雑なフライパターンでも充分に巻くことが可能だ

焚火に薪ストーブにと薪割り用の斧や大型ナイフは欠かせないアイテム。寒冷期のキャンプでは薪割り自体に忙しくなるが、それもまた楽しみと感じられるようになるのは、機能的な装備があればこそ。刃物は一生ものになるので値が張るものを購入したい

ガソリン使用のクラシックなランタン。コールマン社の「ノーススター」は大きなマントルで光量も多く、愛用して20年ほどになる。これは２台目の相棒。LEDランタンとうまく使い分けるようにしている

ソロ・コンパクトキャンプ道具

ユーザーとしての最大の利点は、小さいながら前室というスペースがあること。雨降り、強風をしのげ、ここで煮炊きができる。つまりダイニングスペースということ

キャンプ生活を支えるテントは、オルタナティブなマス釣り生活の土台。ケチらずにもっとも資金を投入したいところ。スウェーデンのヒルバーグ社製のソロテント「ソウロ」。名前の由来はスカンジナビア半島に住むネイティブの言語で「小島」を意味するという奥深さ

キャンプ生活の朝、コンパクトなキャンプ道具＝生活道具に囲まれての一日の始まり。不自由は感じないのだ

90年代後半からのマス釣り生活を支えた相棒。今はもうMSR社に吸収された米国MOSS社製のソロテント「アウトランド」。1人用としてはやや重く2.67kgある。一人寝には充分な6角形のフロアと前室、厚く丈夫なナイロン生地を使用しており、300日以上の宿泊でもビクともしなかった

テントと共に重要なのがスリーピングマット。快眠できなければ、日々の気持ちのよい釣りは望めないというもの。これはオーストラリアのSea to Summit社製の肉厚軽量エアマット。幅広のラージ版を使い、寝返りも平気、贅沢な睡眠が得られる

2000年代の前半から使い始めたヒルバーグ社製「ウナ」。1人用としてはフロアが広く、軽量でシンプルなクロスポールのドーム型だが、真四角の形状ゆえ、前室なしで使い勝手がやや犠牲になった。タスマニアの高地、強風を避けてユーカリの木の下に設営

ニュージーランドが誇るアウトドアメーカーMacPac社製の1～2人用テント「エクリプス」。真ん中にポールが1本あるだけのシンプルな構造。四隅を固定しないと自立せず、設置場所を選ぶ。サンフランシスコからアラスカへの北米縦走「深夜釣特急旅」で活躍。3ヵ月間の釣りキャンプ旅を支えてくれた

一般的にはストーブというと暖房用のアレを差すが、英語の由来からキャンプ界では調理用のコンロをストーブと呼ぶ習わしがある。もともとは熱を発生する装置という意味。近年、使用する機会の多いのが、新富士バーナー社製の「マイクロレギュレーターストーブ」。ガスは噴出する際に気化熱で、かなり温度が低下するが、熱を伝道させるマイクロレギュレーターでこれを防ぐ。着火するイグナイターが中心部に内蔵されていて、破損や故障もほとんどないのがいい

国内でのコンパクトなソロキャンプ用に購入したスノーピーク社の「ランドブリーズ・デュオ」。ゆとりある１人使用でちょうどよい大きさ。収納サイズも小さく、軽いのでバイクツーリングや国内旅行にも対応しやすい。現行使用の一つ

スノーピーク社の「ギガパワー WG ストーブ」。ガソリンストーブでは画期的なプレヒートいらず（余熱をする必要がない）、弱火も自由自在、スペック・アイデア共に素晴らしかったが、やはり時代の波に飲まれ、軽量なガス式へと変更するまでの短い利用だった

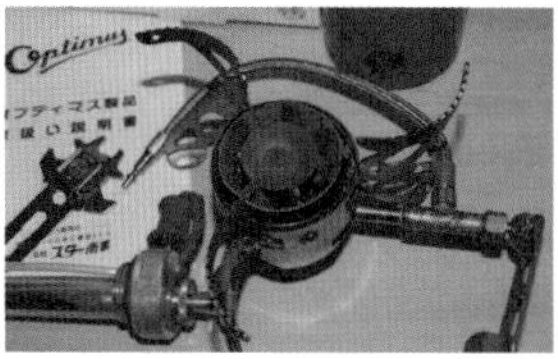

北米縦断時に新調したスウェーデン・オプティマス社製の別体式バーナー「NOVA」。重量級だったが長旅には頑丈なはずと導入。だが旅の序盤、カリフォルニアのマクロードリバーのキャンプ場で、いきなりの燃料漏れという危険な状態。ポートランドで軽量なガス式に買い替えて、この重い鉄の塊は日本に送り返した。長旅には慣れた道具を使うという基本を学んだ出来事

タンクとバーナーが別体式のストーブは全部で7台ほど購入。どれも一長一短があり、試行錯誤と迷いの連続でもあった。最初の別体式ストーブ、米国 MSR 社製「ウィスパーライト」。この業界では定番モデルだったが、炎が強弱しかできず、弱時には不完全燃焼気味、燃費も悪くなった。1998 年ころから 2 シーズンほど、稼働日数は 60 日ほどで次モデルに変更

スウェーデンのオプティマス社製「ハイカープラス」は平成後期に購入。伝統的な８Ｒという弁当箱型ストーブの最終形。やや大型化され、あらゆる液体燃料が使える構造だ。うるさい燃焼音もそのまま、耐久性の高いシンプルな構造が気に入って今でもよく使っている

現在に至るまで使用中の、別体式ストーブの私的な最終形。米国コールマン社の「FyreStorm」 チタン製の軽量ボディー、プレヒートいらずで燃費もよく、弱火も可能。大バーナー部で調理もしやすく、燃焼音は微弱。別体式ストーブの弱点がほぼない製品で、アンカレッジの REI（組合制アウトドアショップ）で購入した。「ああ、これでストーブの迷いから解放された」！と思った製品

複数回のアラスカの原野キャンプを敢行するにあたって、絶対的な信頼性を求めて購入した、MSR 社製の「ドラゴンフライ」。発売からベストセラーで信頼性が高そうだった。やや重量があるが、弱火調整も可能。燃焼時にバーナー部から轟音を発するため、ほとんど会話もできないが、100 日以上をこのストーブで過ごした

晩秋のアラスカ・キーナイ半島のキャンプ場。木立がまばらだが隣のサイトとは仕切りになっていて広大なスペース。開放的で居心地がよい。朝晩は氷点下で朝一のコーヒーがうまい

スウェーデン、トランギア社のアルミ製スタッキング・コッヘル。取っ手が別体になっており、合理的な収納方式での草分け的存在。ソロなら鍋とフライパンだけで事足りるが、食後のコーヒーやティーを沸かすために、小さなヤカンを持ち歩いた

１人用キャンプ・ストーブの雄、「スベア 123」。60 ～ 70 年代に訪れた最初のキャンプブーム時に、北欧スウェーデンではキャンプ用のストーブを製品化する会社が勃興。70 年代以降にいくつかの会社が合併し、今ではオプティマス社のみが製造をしている。ちなみに、スウェーデンは世界屈指のキャンプ王国である

料理

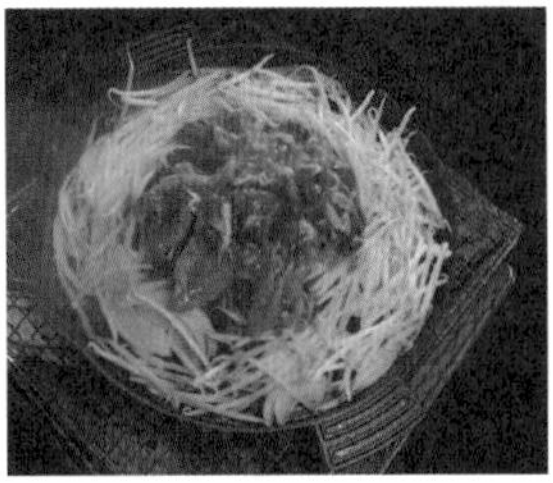

オーソドックスなジンギスカン。具材はラム肉ともやし、玉ねぎ。各地方に「ご当地ジンギスカン肉(味付け)」があり、食べ比べが出来るのもいい。山型の専用鍋はアルミ、テフロン加工という後処理の楽なタイプを使用

釣り仲間と、釣り後の夕食を楽しむ。大の大人、それぞれの焼き肉の作法やマナーの違いも面白く感じるキャンプの夜

十勝産和牛のブロックを厚切りに。霜降りの高級肉もキャンプでより一層、美味になる

サンマの塩焼き。炭床はもっと熾火になってからのほうが仕上がりはよい。味付けはただの塩より味塩が最高

スーパーで買った鮮度のよいスルメイカを、ワタも取らずにドンと載せるだけ。ゴロと身を合わせて酒の肴に最高

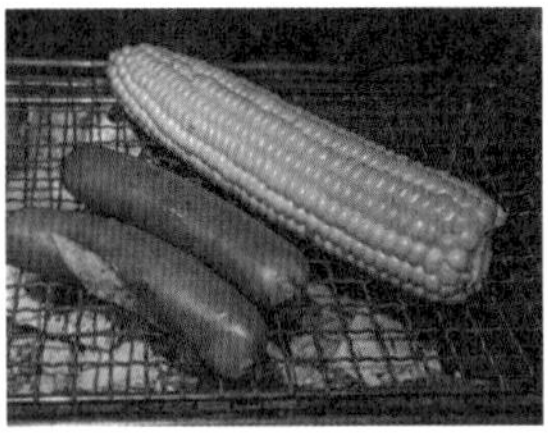

路地で買った採れたてコーンと大ぶりのソーセージを炭火でグリル。これだけで事足りるシンプルな旨さがある

小型のダッチオーブンに詰めた、鶏むね肉と野菜の欧風グリルチキン。むね肉が柔らかく焼けるように蓋をしたまま炭の熾火で30分以上蒸し焼きにする。汁気たっぷりの鶏肉料理だ

秋サケのシーズンならではの新鮮なサーモンステーキ。ガーリックに醤油を垂らしてムニエル風に

道内各地の旬の名産を載せたパエリア。厚岸のアサリ貝や旬の甘エビなどを盛ったバージョン。肉やソーセージを使ったパエリアも美味しい。米を適度に炊くのが難しくハードルの高い料理

ごく簡単質素にパックご飯とレトルトカレー。キャンプでは少し特別な製品を食べてみるいい機会。これもアイビック食品のキャンプ専用シリーズ「DELBE（デルベ）」から「どんなときもカレー」。さまざまな味があってどれも旨い

北海道企業のアイビック食品の「どんなときもスパイス」(左がプレーン、右がバジル＆オニオン)。肉にも魚にもこれ一本で味付けが決まる、というのがキャッチフレーズ

ある日の朝食その一。コーンで出来た本物トルティーヤに、新鮮なレタスと半ソーセージ、味付けはサルサソース。これに目玉焼きを入れても美味い

キャンプガイドで残ったステーキ肉、アスパラガスを一緒に炒め、ご飯をぶち込む「まかない飯」。肉厚フライパンのスキレットで炒めると充分に美味い夕食に

ビアソー、トマトとガーリックで作った「ポモドーロ・パスタ風」。味付けの塩コショウをしなくても、ビアソーから出る塩気が利いた本格派

生豆を買ってきてキャンプでローストするコーヒー。専用のロースターなどを用意したがザルでもフライパンでも焙煎することができる。コツはとにかく攪拌し続けること

秋から冬の夜長のキャンプで作った手製のローフブレッド（蒸しパン)。イースト菌の働きで膨らんでいくパンの様子が面白い

ある日の朝食その二。ボリュームの必要な日は、大ぶりのソーセージ、目玉焼き２個、トマト、フラワー（小麦）トルティーヤで巻きながら食べる

秋

AUTUMN

秋のバッタキャンプ

バッタキャンプの過ごし方

　時は令和のキャンプブームということなのだが、ブームなどが起きなくても、北海道はマス釣りをしながら、最高の釣りキャンプが送れる場所である。それは余暇としてのキャンプが興ってから変わらない。

　秋の釣りキャンプは最高だ。秋の夜長は釣り以外の時間が長く取れるし、焚火の火起こし、収穫の秋を迎えたキャンプ料理も、充実する季節。手の込んだパエリアを作ってもいいし、もぎたてのトウモロコシを買ってきて、焼いても茹でても美味しいのは間違いない。焙煎していないコーヒー豆を買ってきて、自ら炒るのも時間があればこそ。自宅ではできないことをするのもキャンプのよさだ。

　だがこの季節に野外で寝泊まりすることの最大のよさは、なんともいえない緩やかな空気感にある。無論、初夏の空気も、真夏も冬でさえ、自然に包まれる世界は素晴らしい。だが秋は、抱かれる空気がもっとも柔らかい季節。暑すぎず寒すぎず、きっとマイルドな気候によるものだろう。その居心地のよさが、釣りキャンパーの心持ちにも影響を与えるように思うのである。

　たとえば9月も中旬ともなれば、太陽が高くなっても気温は適温、風も乾いて蒸し暑さも消えている。だから川から戻ったらまずはビール。家に帰る必要がないから飲んでも問題なし。ああ、気持ちいい。今日はソロなので気楽なのだ。

　夕ご飯は定番のジンギスカンでも、トマトのパスタでもよい。昼間は川に浸かってライズするレインボーに瀬を上に下へと走られて疲れたので、食べるものはなんでも旨いのだ。

　夜は日ごとに長くなっていくがその時間も無駄にはならない。大型のタープの下で、焚火や炭火を囲む。ランタンの明かりでタイイングをしてすごすには、私は少し歳を取りすぎたが、老眼鏡の力を借りて明日使うフライを巻いてみる。明るくなった朝方でもよいが、今日見たバッタは少し大振りだったのが気になる。マスのエサになりそうなものは、実物を持ってきてもいいし、写真にでも撮っておいて、あとで観察しながらフライを巻くのも面白い。

　ところで、バッタという生き物はやや複雑な形をしている。それをフライで表現するということは、テクニックもそうだが、イメージやアイデアを必要とするので、タイイングのし甲斐があるというものだ。ビールでもすすりながら、

「これは上手くできたなぁ」

などと悦に入るのもまた一興である。

もちろん魚が食べるものはバッタだけではなく、流れてくるさまざまな他の陸生昆虫や、また羽化を活発に始めた水生昆虫もそうだ。渓流域では夜の気温が15℃前後まで下がる頃から、マスたちの反応がすこぶるよくなる。

活性は日が高くになるにつれ上がり、朝早くから川に出向く必要性もない。それでも釣り人同士で場所の取り合いになるから、誰よりも朝早く入りたいという気持ちも理解できる。だが実際は、先に釣り人が入った区間でも、時間が経てば充分に釣りは可能だ。

ただ闇雲に歩き続けて、でかい魚を捜し続けて、SNSで見せびらかすことが、えらくしんどい作業だと気が付くようになる。秋の釣りキャンプでは、釣りの時間は減るが、秋にふさわしいスローなリズムがある。太陽の動き、日の暮れ方、気温の変化、キャンプで身体が感じるリズムと共に、釣りもするのが自然というものだ。秋の釣りキャンプの心地よさは、

イネ科植物の草原を歩く。バッタの川はその向こうだ

きっと季節のリズムが人本来の生きるテンポに似ているのだろう。

それはマスたちも同じなのだ。

たとえば夏場のマスたちは、たくさんの酸素を必要とするために早瀬の川底にいて、そこでじっとして動かない場合が多い。そして気温が低く薄暗い時間帯だけは活発にエサを追う。

だが秋になり水温が低くなれば、緩くなった流れに入り、日中でもエサを活発に捕る姿が見られる。

だから日中の日の高い時間に、ライズや魚の姿そのものを捜し、1尾の出会いに存分に知識や技術を駆使して、マスと対峙することが出来る。釣り人そのものの行動によって、1尾の価値を自分で上げることが可能なのだ。フライフィッシングならではの釣りキャンプ。それが秋の釣りキャンプの本懐なのである。

バッタの釣り

乾いた河原を歩くと、無数のバッタが飛び交うようになる9月。早朝はおとなしくしていたバッタたちが、活発に飛び交うのは日が高く昇ってからだ。夜の冷え込みが強くなり、体が温まるまで少し時間がかかるのだろう。

　バッタの寿命はほぼ1年で、成虫になってから4～5ヵ月で一生を終える。茂みをよく見ると、交尾に夢中のペアもあちらこちらにいて、産卵行動するとすぐに息絶えてしまうのだろうか？　草にしがみついたまま、すでに干からびたものもいる。

　河原の草原や茂みには、短期間で育つイネ科植物が見られる。それを好んで食べるのはイナゴの仲間だ。バッタとイナゴはいわば兄弟種みたいもので、名前のとおり、イネ科植物を好んで食べるものがイナゴ。バッタはなんでも食べるようだ。そのイナゴだが、食べると甘く感じるらしい。北海道ではないが、本州の一部の地方では今でも食用とされている。だがその中でも、バッタは苦くて食べられないそうだ。

　話が逸れたが、バッタもイナゴも、メスがオスより大きいという。小さくてよく飛び回るのもオスで、たぶんマスによく食べられるのもオスなのだろう。なぜか少し切なく感じる……。いずれにせよ夏以降、川辺を元気に飛び回るバッタたちは、マスたちにとって特別な存在となるのは間違いない。

　今はさほど魚も棲まなくなった川に、かつて毎週のように通ったことがある。魚よりもむしろヒグマの遭遇回数のほうが多いのではないかというくらいの場所だったが、けたたましく叫び、あちこちに強力な蚊取り線香の匂いを振りまきながら歩くせいか、私自身は二度ほどしか出会ったことがなかった。

　夏の湖面はかなり低く、インレットは春先よりも1㎞ほど後退し、バックウオーターは広々とした草原が出現していた。露出した湖底はほぼ泥底だったが、古い本流筋を流れている川底は、石や岩があって、いちおう川のような流れにはなっている。だがいつ行っても魚影は見えない。一年のうち大半が湖底であるせいか、見た目とは裏腹に、エサとなる水生昆虫はあまり棲んでいないのである。

　魚が溜まるようにいたのは、水没しない区間の一年を通して川になっている長瀬。一見単調なその瀬は、実は絶好のバッタポイントだったのだ。瀬の片側はイネ科植物の生い茂る斜面になっていて、秋にはやはり無数のイナゴの生息地。そこからぼたぼたと落ちてくるのを、マスたちは手ぐすね引いて待ち構えているのである。こういう場所の釣りは簡単だ。バッタのフライを流心の脇にただ落とすだけでよく、下流側から落ち込みまでの間にアベレージ40～50㎝のニジマスが何尾も出てきた。マスが水面の流下物に飛びつく理由はいくつかある。秋は大雨さえ降らなければ、川の水位は低い。マスと水面との距離は近い。これもバッタフライが効く理由だろう。

　ところでフライパターンである。定番ホッパーといえば、ロングシャンクに巻いたデイブズ・ホッパー。柔毛を刈り上げて作るヘッド部が面倒だが、このヘッドの存在感は重要だと感じる。しっかりとシカの毛を巻き込み、密でもあまり密でなくてもよいが、水面に半沈みで浮か

焚火の揺らぐ炎を眺めながら、秋の夜長はゆったりした空気感を楽しむ幸せな時間

早めに川から上がり、まずはビールを一杯。クーラーで冷えたやつが最高

旬となるトウモロコシを路地で買ってキャンプへ。茹でても焼いても旨し

食用ではない飼料用のコーン畑。ヒグマの好物でもあり、周囲に足跡があったり、河川と接している場所は要注意だ

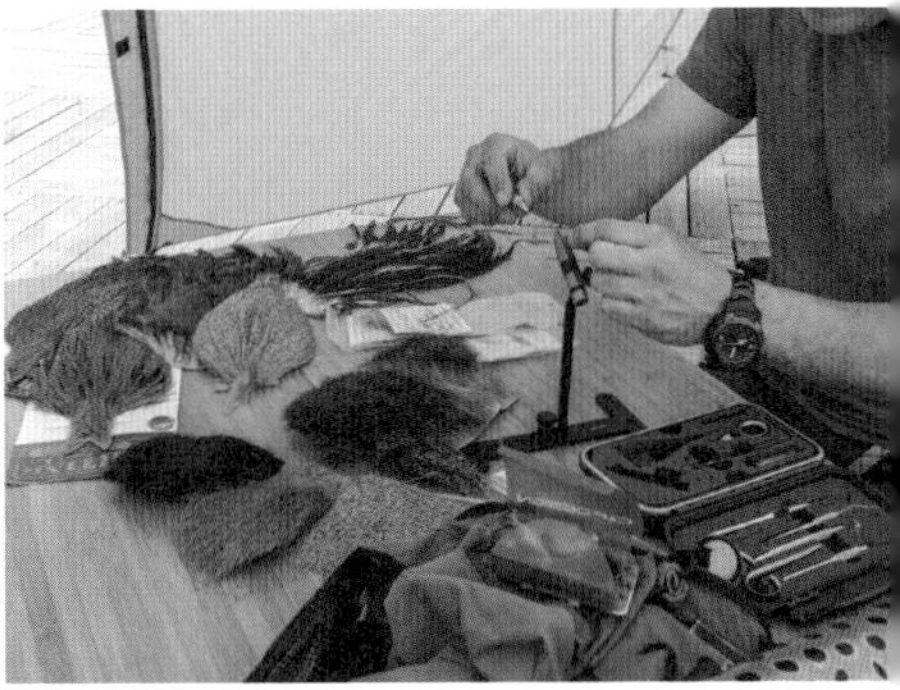

釣りの早上がりの日や休息日、朝のタイイング時間を作る。川辺で見たバッタを真似てフライを巻く

草の茂みで出来た斜面の下の流れ。典型的な秋の「バッタ・ウオーター」。瀬脇からニジマスが元気よく飛び出す

秋に成長期を迎えるバッタ。そして川面に落ちるバッタを今かと待ちわびるトラウトたちがいる

ぶようにする。羽はフレアさせたヘアだけでもクイルを付けても効果に違いはなく、逆に、脚は必ずつける。ターキー・テイルで細くまとめて縛り上げてもいいし、簡単にラバーレッグでも効果にはさほど違いがないように感じる。

使い方としては、水面を叩くように落とすとより効果がある。バシッと落ちると、魚はバッタが落ちてきたと勘違いして、水面がこんもりと盛り上がり、大きな口先が現われて、ホッパーを吸い込む。草地があるバンク際の大ものは、本当にこれに弱い＝だまされやすいようだ。

流れが緩いせいか、魚もゆっくりと出てくるのが印象的である。ティペットにスラックがあり、ナチュラルドリフトしている限りは、アワセは一呼吸おいてからが正解。ドラッグが掛かっている状態では、即アワセが基本である。くわえて違和感があればすぐに吐き出すからだ。

ビッグドライの釣りは一括りにされがちだが、トラウトのフライフィッシングは単純ではない、そんなことも考えさせられるのが、バッタの釣りなのである。

小型のテレストリアルを流しても出ず、バッタを流すと
激しく飛び出した美しいレインボー

バッタの代表的なフライパターン、
デイブス・ホッパーをがっちりと
くわえたニジマス

釣り人の多いいわゆる激戦区河川では、
秋の一時、バッタ的なフライしかくわ
えない個体というのが出現する。写真
のオスもまさにそうした１尾だった

復活の川

凶暴なほど太い魚体、浅瀬に入ってきても暴れ続ける。野生化したニジマスの本当の姿に驚愕させられる

ニジマスの生息河川

大きなニジマスのいる川は、トラウトフィッシングをするものなら誰もが知りたいと願う情報であろう。私も過去30年にわたって、暇があれば有望そうな川を渡り歩いてきた。最初の10年、つまり20代の頃は、古い本の記述を頼りにちょっとだけ摘んでは無数の小ものを相手にお茶を濁し、この川はこんなものかと諦めることを続けていたように思う。入渓地点から離れ、川通しに長く歩くということすら知らなかった。ただ無駄な釣行を繰り返していたのである。

海外に行くようになって、多少、大もの釣りに慣れてきても、海外と北海道の違いには歴然としたものがあって、北米にしてもニュージーランド、タスマニアにしてもあまり参考になる考えは身につかなかった。

手ごたえを感じるようになるのは、30代も半ばに入ってからだ。アラスカでの経験が生き、ヒグマの危険を察知し、対処に自信が持てるようになって、川通しに長く歩けるようになってからだ。

道北や道東の人里離れた渓に、50～60㎝超級のニジマス、それがドライフライにアタックする渓を何本も探し出し、勝手にゴールドメダルと名付け、密かに楽しんできた。誰にも頼らず、ネット情報も駆使せず、すべての川を歩くつもりで突撃を繰り返した結果、推論は無意味に近いことを知ることになる。

川がニジマスの銘川として成り立つにはほぼ二つの要素で決まる。それは、実はごく当たり前のことなのだ。一つは、定期的ではなくても過去に放流が行なわれていること。これは移殖種であるニジマスでは当然だ。だが1～2級河川のほとんどで放流が行なわれてきたようなので、河川の絞り込みには役に立たない。

もう一つは魚が棲める環境であること。これも当たり前だが、少し複雑な背景があるように思う。前述した放流魚は、普通、数年で息絶える。自然繁殖が行なわれ、子孫が代を更新していくためには、川の環境が自然産卵に向き、なおかつ、稚魚が生き延びられる環境が必要だ。実際には、産卵が行なわれる春季に、雪代の影響が軽微で、大水や外敵から身を守る深瀬や淵などの地形、河川環境が必須ということになるだろう。

釣り人なら誰もが理解していることだが、実際にはどのような川でニジマスが生き残り、子孫が残るのかは、あまり分かっていない。ニジマスの産卵調査については、前章（盛夏）で記述したとおり、道央の積雪の多い河川で、4～6月まで続いたということである。道内各地で気象や積雪などは異なるため、地域差もあるはずだ。

現実的には多くのニジマス河川で、繰り返し放流が行なわれなければ、早かれ遅かれ資源は枯渇してしまうだろう。その理由はいくつか考えられる。洪水のような突発的な自然環境の悪化、産卵に向かない大雪と長引く雪解け、それにともなう濁流の長期化。卵は泥をかぶると死んでしまう恐れがあり、春先の大雨は大敵になる。

またこのほかにも、釣り人による減耗などがある。ニジマスはアグレッシブで大型に育ち、ライズを繰り返したり、動くフライやルアーに反応がよかったりと、ゲームフィッシュに好適という性質を持つ。その反面、基本的にエサ釣りにはめっぽう釣られやすいということである。一般河川では規制がないため、持ち帰る人が増えると、いっきに数を減らす可能性があるともいえる。

以上のように、全体として北海道内のニジマス河川は非常に不安定な状況にあるのは、数十年の間大きく変わっていない。ということは、どんなに条件を照らし合わせてみても、あまりにも幅の広い変動要因で、大ものはいたりいなかったり、理由は不明。という感想しか持てないのである。

それでも、大もの河川を捜し出す確度の高い方法がある。かつて大ものがいた川、いなくなって久しいが、復活している可能性がある川をあたってみることだ。

山脈の裾野、平野部へと変わる辺りから、深瀬や縁の
連続する渓相へと変わる

復活の条件

その年、私は道東地方の山岳部から流れ出る川を訪れていた。それは多くの人の話題に上らなくなった「忘れ去られた川」でもあった。古くは各雑誌に地名入りで載っていたこともあり、一時はそれなりの混雑を見せていたと思う。だがそもそも自然繁殖には向かない、長い雪代期間を持ち、いったん大雨が降ると、河畔林がなぎ倒され、大石が激しく暴れる性質を持っている。そのときはどんな理由かは分からなかったが、ニジマスは激減してしまって、釣り人も訪れなくなっていたはずである。さほど遠くない距離に、平均してよく釣れる人気河川があり、そちらが賑わっていたようだ。

9月中旬、ようやく森の木々が色づき始めた頃だ。霧雨が降り続き、しっとりと冷たい。大小の石で出来た河原には、小さな無数のフキバッタが小さくジャンプする。入渓点から1㎞ほど遡っていたが、これまでのところ大きなニジマスはまったく出てこない。
大ものが潜んでいそうな深瀬の真ん中辺りで不意に、魚にしてはずいぶんと大きな尖った頭が、水面に突き出したように見えた。ライズにしてはあまりにも不自然な動作で、何かの見間違いかと思った。ずんぐりしたボディーの12番の黒パラシュートを投じてみる。続けて三度。だが、何も起きない。さっきの頭が本当にニジマスなのだとしたら、かなりの大もの。賢く生き延びてきたヤツだろう。

林道の行き止まりから双眼鏡で流れのライズを確認する。澄んだ流れの瀬のヒラキで、流れる虫に悠然とライズする魚影を認めた

別の川では同じ黒い蜂のフライで、50㎝を超える綺麗なニジマスを釣っていた。ストマックポンプを使って中を出すと、見事にジバチらしい小型の蜂が出てきたものだから、自分の勘はなんて冴えているのだと有頂天になった。しかし、こちらではそれが効かない。

私は道北地方の川でよく使う6番のワイドゲイプに巻いた、獣毛たっぷりのセミのような、巨大なビートルのような、あるいはネズミにも見えそうな、こげ茶と薄茶の2色ストライプ、ヘアは整えずバサバサのまま、まるで毛の塊のようなフライを3Xに結んだ。

「さぁ、こんなのは見たことがないだろう？」

それをためらいなく瀬の真ん中に叩き込むと、先刻の大きな頭が疑いもなく、ゆっくりした動作で出てきた。バフッと吸い込んだ空気を吐き出す音まで聞こえたような気がした。とんでもない大ものに見えた。頭から背中がとても太かったからだ。

そのニジマスは掛かったと知るや否や、一目散に落ち込みにある大岩の下に潜り込んで、ピクとも動かなくなった。ラインを張ったまま岩の真横や真上に移動して、なんとか引き出そうと試みたもののウンともスンともいわない。ロッドをあおったり、ブルブル震わせたり。だがそのうちフライが外れてしまった。

ヤバいことが起きたらそこに逃げ込むのが常套手段だったのだろう。デカくて賢いニジマス。そういうマスが何尾もいる川を、本当のゴールドメダルの川というのかもしれない。上から下までくまなく歩いても、同サイズのニジマスがいたのはその深瀬だけだったが、30～40㎝台は豊富で、数年後にアベレージが50㎝前後になりそうでもあった。順調に成長すれば、ゴールドメダル予備軍になりそうである。

ちなみに、その川には中流に大きな砂防ダムがあり、サクラマスやアメマス、ウグイでさえも遡上は断たれている。魚の少ない区域であって、ニジマスの種が完全に消えさえしなければ、海に降りて

別の復活の川で釣った50㎝弱のニジマスは、秋の定番の一つ、ハチのフライをくわえた

ストマックポンプで胃から採集した内容物には、見事に本物のハチが混入していた

しまう生態がない以上、細々と生きながらえ、ひっそりと大ものになる個体がごく少数ながら出てくる。

　最近では、海から群れで遡上するサクラマスが魚道を伝って遡上できるようになると、川育ちのニジマスが行き場を失い、やがて数を減らす河川が出てきている。逆に、ニジマスが長く生息してきた河川は、サクラマスがいない川であることが多い。つまり、サクラマスの遡上できない川もしくはその区間は、ニジマスが大型に育つ素質があることになる。

ゴールドメダルの復活

　先ほどの川の話の続きである。大ものを取り逃がしたのだから当然のように、その川には再訪するつもりだった。あのまま放っておくことはできない。落ち着かない、まったく囚《とら》われの身である。その魚や川のことについてはしばらく誰にもいわないつもりだったが、ある人に思わず話し出してしまい、途中でハッと気がついてゴニョゴニョと誤魔化したものの、これはいよいよ釣ってスッキリしなければいけないと思うようになった。でかいフライに出てしまうようなヤツだから、巨大なミノーなんかが飛んできたら、一発で仕留められてしまうのではないかという気がする。年内に決めてしまわなければならない……。

　秋が深まりつつあり、あまり遅くなると大きなフライでは出にくくなる可能性がある。私は満を持して川へと向かった。平日だったが、車は数台停まっていて、川はやや人気になりつつある。あるいは放流した人たちかもしれない。だが入渓と退渓点の距離があるその区間には誰もいなかった。深瀬を見下ろす川辺の石に座り、この間と同じようなライズがまたないかとしばらく待った。いや、待つつもりだったが、10分ほどで待ちきれなくなり、おもむろに大きな刈り込んだ毛玉のようなフライを投じてみる。

　水面の下から、フライを押し出すような大きな波紋。フライは食われず。二度三度と続けて投じるが、今度はまったく反応なし。学習させてしまったか。12番

秋の霧雨、澄んだ流れ、静かに頭を突き出す大ものの
ライズを見つける

のずんぐりしたボディーのブラックパラシュートに変更。2Xのティペットに結ぶにはえらく小さい。すると今度は簡単に出てきた。小さいヤツか？と思ったが、大丈夫、立てたロッドへの重量感はかなりのものだ。ヤツに違いない。今度は即座にロッドを進行方向と逆に倒し、行く手を遮る。6番ロッドの強力なバット部に充分な仕事をさせると、観念したのか、下流側へと走った。ああ、それもまずい。下流は長い早瀬が続いて、それだと一気に数十mも下るだろう。ラインに思わぬ負荷が掛かると、トラブルになりかねない。ラインをグルグル急いで巻いて、騙し騙し浅瀬に寄せる。無事にランディング。大ものを釣ると、いつも最後はホッとする。

ネットには大きな顔をしたオスのレインボー。ヒレが大きく発達して印象的な魚だった。測ると尾叉《びさ》長でちょうど60㎝あった。

多くの釣り人もそうだと思うが、私もお気に入りだった川から大きな魚がいなくなったとき、心に大きな穴があいたよ

2週間後、リベンジをしに再度訪れる。晴天の下、大ものが現われてライズするのを待っていた……

うな強い失望感に苛《さいな》まれる。荒らされたとか、川は死んだとか、そんな物騒な物言いもしてみたくなる。実際は良心的な人しか訪れていなくても、自然死だったり移動したりで魚はいなくなるはずだ。だが、喪失感からこんないい川はもう二度と出てこないと、しばらくの間そう思ってしまう。確かに、大きなニジマスのいる川が現われ、しばらくの間維持されることは、そう簡単にはない。

だが、誰かの手による放流か、あるいは希にある自然の力と幸運によるものか、良好な環境さえ保たれていたら、やがてニジマスの川は復活する可能性がある。

一釣り人としては、事前の情報がなく偶然にもそうした素晴らしい川が生まれるのを目の当たりにしたときほどの感動はない。失った時の喪失感を補ってあまりあるほどだ。人の手によるものであっても、自然によるものであっても、その恵みに感謝を忘れることもないだろう。

復活した川の大ものを釣る。川の変遷を教えてくれた存在に感謝

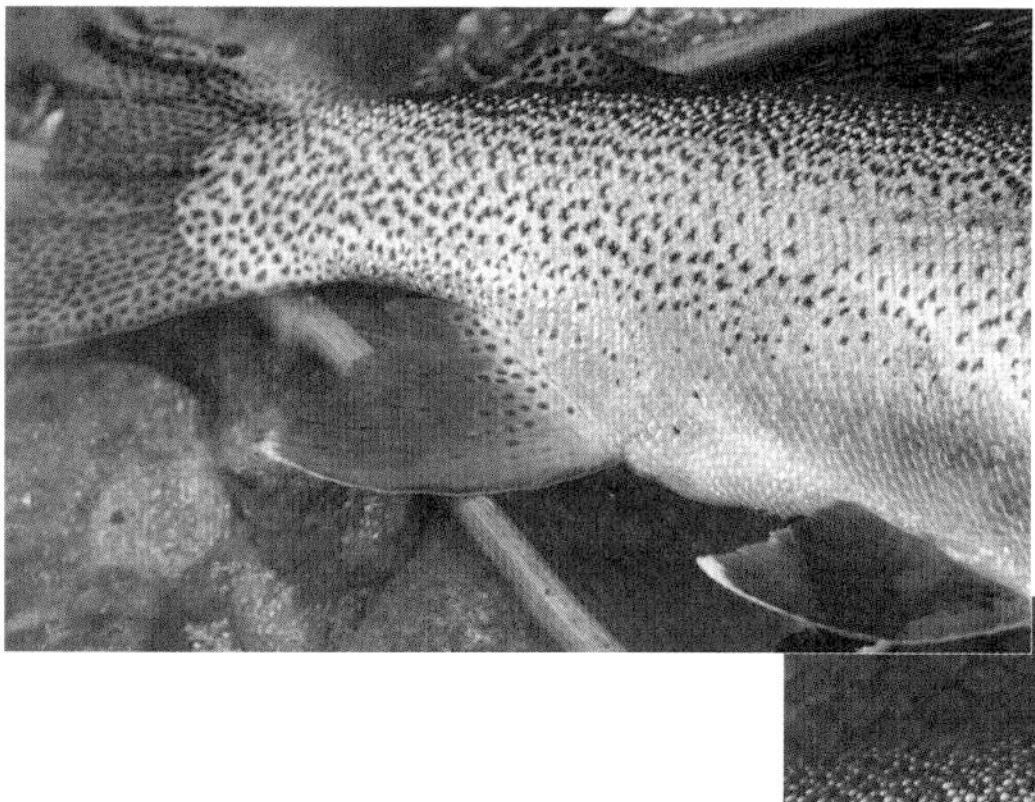

強い流れで育まれ野生化したニジマスは、尻ビレや腹ビレの発達具合が大きいのが特徴だ。これもパワーの源

やはり秋を彩る緑と黄色のホッパーフライをくわえたニジマス。このサイズが一日に４尾以上出るならそこをゴールドメダルと呼ぶ

ガイド修行〜オトコ2人のキャンプ旅〜

ガイド計画

埼玉に住む戸澤求さんから連絡があったのは、2012年7月のことである。秋にようやく釣りの時間が取れそうなので、北海道での釣りを数日楽しみたいのだが、何かいいプランはないだろうか？　というものだった。家族の看病で、戸澤さんがここ数年は自分の時間がとれずにいることは、周囲の人から聞いて知っていたから、久しぶりの釣りを北海道でしたい、そのアレンジを私にお願いしたいと聞き、素直に嬉しかった。

「しかし、どうしたものか……」

戸澤さんにとっては大切な釣り旅である。にもかかわらず、私は釣りのガイドが苦手だったからだ。自分がいつも気の向くままの釣り旅ばかり、情報収集をしないで川に入るため、お客さんに確実によいサイズの魚を案内できるか、少し不安なのである。以前にも、30㎝台のニジマスしか釣れず、お客さんはそれでも喜んでくれたが、自分自身にがっくりしてしまって、反省したことがあったのだ。

そんなことを戸澤さんに話すと、いいんです、北海道でロッドが振れたら、それだけで満足なんです。もし可能なら一緒に釣りして楽しんでくれたら、とも。いつもどおり、控えめな態度。それはきっと本心。きれいな川に案内できれば、たぶん満足してもらえる。一緒に釣りを楽しむ友人としてご一緒させてください、ということで少し気が楽になり、ガイド役を引き受けさせてもらうことになった。

とはいったものの、空港からピックアップして、いきなり行き当たりばったりというのは度が過ぎる。ある程度のプランは練っておくことにした。まず対象はニジマスにした。ニジマスについては、戸澤さんの要望でもあったが、季節的にも一年でもっともコンディションがよい時期でもある。ワイルドなヤツがいる渓流でいこうと思った。9月の渓流とニジマス。私が北海道のニジマスの釣りで最強のコンビと思っているものにする。

肝心のガイドエリアだが、十勝方面にしようか、それともオホーツク方面にしようかで迷ったが、大きなドライフライに出る大きなニジマスはオホーツク方面が多い。戸澤さんも馴染みがあるということで、最終的なプランは次のように決めた。週末がらみの4日間の行程。

比較的格安の航空便がある旭川を起点にして、道北オホーツク方面へ向かう。以前よかった川を夏の間にあらかじめ訪れておき、魚影の多い川を特定しておき、大ものがいる川があれば、そこを

行先は未定。男２人のキャンプのちコテージ放浪旅

最重要として天候を見ながら組み合わせる。週末よりはその前、金曜日までに訪れるのが理想だろう。宿泊地は決めず、テントを用意して予約いらずのキャンプ場を中心に、男２人、釣りキャンプ旅でいこう。あとで考えてみると、これこそFish Campの最初、原点のガイドだったのだと思う。

ニジマス放浪

最初に選んだ川は、やや標高の高い渓流。前日までの雨で他の河川は増水傾向だったが、山間部なら多少増水は残っていても、濁りはないだろうと踏んだのだ。川は水かさが増して徒渉も難儀するほどだったが、濁りはなく、むしろ好条件にも思えた。

「雨後の増水。我々はツイてますよ」

と私。戸澤さんはフライボックスを開けながら、

「ところで、フライはこのあたり？」

と言ってボックスの中にある、黒と赤の太いフォームボディーのフライを取り

コンディション抜群、40㎝強のニジマス。最初の１尾は
ガイドの気持ちもホッとさせてくれる

出した。一瞬、えっ？と思ったが、

「す、すごい効きそうですね……」

それはフォームそのものを張り合わせたボディーと、その間からゴムの脚が出ている、実に丁寧な、どれも寸分たがわず巻かれた怪しげなフライ。自然界の中にあるどんな昆虫にも似ていないが、どんな昆虫よりも「妙な生き物」らしくも見える。これほどフォーム感があるフライは、ニジマスも見たことがないかもしれず、かえって捕食スイッチが入るかも!? 増水のニジマスの川、ビッグドライがもっとも効果を発揮する場面なのは大方予測が付くのである。大ものを引き出す魔物のようなフライにもなりえるだろう。

ボックスにはほかにも大きなスティミュレイターが何本も並んでいる。普段の本州の釣りではまったく使わないフライに違いなかった。忙しい生活の中で、どれほど今日を楽しみにしてきたのだろう。私の役割は、安全に、大きなニジマスの川に連れて行き、エキサイティングなシーンを愉しんでもらうこと以外には

「これどう？」とやや自慢げに脚を広げて見せる戸澤氏。巻いたのは友人らしい……

ビッグドライとストリーマーという奇妙な組み合わせのフライボックス。釣れるフライだけでよいというある種の哲学？

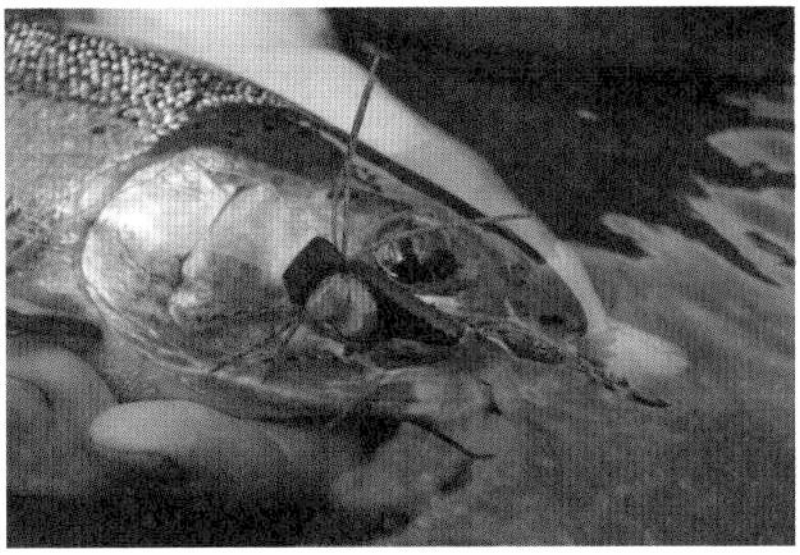

脚が16本もあるフォーム・パターンをくわえるニジマス。投げにくいがこの旅のヒットフライとなる

ないのだ。

「すごいのを揃えてきましたね」

「そう、半分友達に作ってもらってきたよ！」

「えっ…？」

「北海道なら、絶対コレだって」

よく見ると、足が16本もある。それはやりすぎではないのか。

「それ、ちゃんと飛ぶんですか」

さぁ、お手並み拝見、などというのは相手を間違えた。キャスティングの不倒日本記録保持者である。フライはきれいにタイトループで見事に飛んでいく。彼はキャスティングの名手だった。失礼いたしました。

いちおう「投げづらいなぁ」と言いつつ、次々にロングキャストを決めていくのである。15mくらい離れた対岸のボサ下をピンスポットでねらってくれと、私は多少無茶な注文をつけたが、苦もなくねらった所にフライを落とす。これで大ものが出て来たらいうことなしだったが、なかなかいい魚が出てこない。

その川の一番の大場所では、ニジマス

川沿いの道に石灰が撒いてあり、ヒグマの足跡がくっきり。通過する頭数などを調査しているそうだ

はかなり下流のヒラキにいて、丁寧に流し始めた戸澤さんは、40㎝オーバーのニジマスが飛び出すのを見逃さなかった。しっかりとフッキングして、無理にリールファイトをせずにラインをたぐり寄せた。高々と何度もジャンプを繰り返し、美しくかなり太い筋肉質そうな砲弾型ボディー。これはこれで見事なニジマスだった。

戸澤さんは「すごいね〜」と満足そうだ。野生化したニジマスならではのファイトもあった。楽しいのも確かだろう。それを差し置いて、ガイドが不満をいったり、不平そうな表情をするのは間違っている。だがそれでも私は不満足だった。ここにはリールを鳴らすような、もっとデカいヤツがいてもおかしくないのだ。なんとかそれを釣ってもらいたい。自分が釣れてこの人が釣れないはずはない。滅多に来ることが出来ない人が、夢を見に来ている。それを実現するのがガイドの仕事なはずだ。

だが、結局そこからはそれ以外出てこなかった。ヒグマのエリアでもあったので午後4時過ぎには引き上げた。

ガラガラのキャンプ場に着いて、管理棟で何気なくコテージの値段を聞くと３０００円という安さ。その場で即決してしまった。温泉に出かけるのも面倒なので簡易シャワーで汗を流し、明るいうちからビールで乾杯する。いい汗もかいて、悪くないサイズのきれいなニジマスも出て、初日にしては上出来といえたろう。上機嫌になるのは分かる。だが、4日間は無理でも数日は持つだろうと思っていたビール15本ほどが、暗くなる頃には空になってしまった。夕食はなんだったっけ？　た

コテージの外で飲む。キャンプのために用意していたコロナビール、サッポロビール15本ほどがあっという間になくなった……

ガイドとしてはヒグマの対策、避けて釣りをすることが最重要課題。最新の情報に耳を傾けることも大切

いした物は食べなかったはずである。

朝目覚めると雨。午前中は違う川に行ったが、間もなく本降りになって引き上げた。これでほとんどの川は増水で釣りにならなくなった。我々は翌晩もまたコテージに泊まり、ほぼ飲んだくれて過ごした。ちゃんとした食事を作るのが面倒になり、朝出した食パンのホットサンドを気に入ってくれたので、連続してそれを出すと、それでも旨い旨いと戸澤さんは文句をいわなかった。この人はどこまで人がよいのか。

翌日もまたすっきりしない天気に嫌気がさすが、さすがに川をあきらめて、少し離れたダム湖へ向かうことにした。プラン時に湖は対象から外していたが、ガイドは臨機応変も大事。不意なハプニングに対応できるだけの、釣り場の引き出しは揃えておく必要がある。20年以上も北海道でフライをやって来たのだから、そこで困ることはなさそうなはずが、勇んで向かった湖はしかし、まだ水温が高く、リトリーブの釣りには無反応だった。

中日の2日間、我々は釣り難民と化した。湧別川や渚滑川を橋から覗き込んでは絶望し、急遽、滝上町にある通称「釣り小屋」に転がり込んだ。飲んだくれる相手を捜しに。

最後の大もの

釣り小屋とは「渚滑川とトラウトを守る会」の理事長である扇谷勝さんが、釣り人向けに開放しているロッジである。戸澤さんも以前に訪れたことがあった。電話するとすでに会員仲間が数名いて、

「それじゃ遊びにいきますか!(飲みにいきますか)」

ということになった。到着した頃には、小屋ではすでに紋別付近で今朝釣ってきたというサケを「チャンチャン焼き」にして振る舞っており、居合わせた方たちに最初は丁寧に挨拶をして、控えめに皿に手をつけ、やがて夢中になって食べた。この旅のキャンプ生活で一番の御馳走だった。戸澤さんはやはり旨そうに食べていた。

明日の夕方には帰らなければならな

い。悪天候にもかかわらず戸澤さんはすっかりご満悦、釣り旅を満喫しているようで、もうこれで充分という感じだったが、私はまだ気が収まらなかった。

自分の道北の河川リストを挙げてそれぞれの特徴と、近年の状況を説明し、最後に訪れたい希望は何かを問うと、逆に、その決定権をガイド役の私に託された。当然といえば当然のこと。この3日間、それまでの数年間のゲストの置かれた状況を考えたら、結論はすぐに出た。雨の影響が少なく、深い森に囲まれた川を選んだ。多くの人に忘れ去られた期間があり、復活を遂げつつあるニジマスの川。デカいヤツを釣ってもらおう。

翌日、橋から川を眺めると、たいした水量ではない。立派な森があると保水力が勝る。ようやくまともな釣りができそうである。入渓点近くの最初のポイントで40㎝強のニジマスが飛び出した。幸先がいい。さらに1～2㎞さかのぼって、ビッグドライで同じような型を数尾釣り、そこそこ満足のいく釣りになったなと思った。もっと大きなニジマスがいておかしくない川だったが、いない可能性もあったのだ。

もともと移殖種である北海道のニジマスの生息は流動的なのである。大きな自然環境の変化や、乱暴な釣り人の集中で一気に減ってしまうことはどの川でも起こりうる。だからこそ釣魚としてのニジマスの保護は大事なのですよ……などと話したくなって、戸澤さんを振り返ると、

ついに水面がドバッと割れて、待望のビッグファイト

野武士のようなワイルドさを持つ野生ニジマス。
両手で持ってもずっしりとした重量感

しつこく何かをしていた。

　その深瀬ではおおかたの流れの筋を何度か流し終えていて、めぼしい所はもう残っていなかった。瀬頭は貧弱な浅瀬で、いればすぐに反応はあるはず。何度もフライで叩くほどの場所ではない。だが戸澤さんはそこを丁寧に流している。彼はちょっと前に私がいった言葉を信じているのだ。

「ここでは何度も60㎝オーバーをヒットさせた実績が……」

　さぁ、いい時間だから、もう帰りますよ、と声をかけようとする、ほんの一瞬の間に、奇跡は起きた。

　その浅瀬のわずかな凹みから、水面がドバッと割れて、巨大なニジマスの頭が突然現われたのである。脚の16本生えたフライをひったくり、流れを簡単に横切っていくデカいヤツ。ついにリールが悲鳴をあげた……。

　60㎝ジャスト。大きな男の掌のような尾ビレ、重量感のある太いボディー。すごいパワーの持ち主で、まっすぐに伸びたラインの先には、本当に魚が掛かって

令和に入って10年ぶりに戸澤さんと釣りキャンプガイド。以前にも増して、のんびりと焚き火とビールを楽しむ大人キャンプを楽しむ

いるのか、それとも見知らぬ生き物ではないのか、そんな錯覚すら起こしそうだった。それはまた、戸澤さんが勝ち取った見事な報酬だった。きっと一生の思い出になってくれるだろう。

その日の夕方、戸澤さんは空港で皺《しわ》くちゃの封筒を握手の間際に手渡してくれた。中には数万円が入っていた。

満足げに飛行機に乗り、また日常に戻っていった。にわかのガイドを請け負った私は、少しだけガイドの意義を見つけたような気分にもなった。もし仮に最後の大ものが出なかったとしても、この旅はそれなりに意味のある楽しい旅だったと思う。

ゲストは夢を見るため、その夢を実現するためにやって来る。普段の生活から遠く離れ、一人のフライフィッシャーとして川の流れに立ち込み、流れを見つめながら、いつか飛び出してくる大きなマスを夢見る。北の大地は誰にでも、癒しという名の幸せを与えてくれる。

それと同時にガイドフィッシングのよさは、同じ「至福の世界」に入ることが出来る希な時間の共有にある。共に過ごし、マスたちが見せるシーンを目撃することで、同じ幸福な時間を共有することが出来る。これがもたらすものは何か？

釣りに求めるものが人それぞれで多様ではあっても、幸福を感じる普遍性は、誰もが変わらないはずである。単独で釣りをすることが多い人は、私もその最たる人間の一人なのだが、だからこそ、自分の癒しばかりに重点を置きがちだということも理解できる。

だが人としての癒しにも、また仕事であるガイドとしての成功にも共通しているのは、人の喜びを自分の喜びと感じられるような、その心のメカニズムの発露なのだ。ゲストの釣りを見て、成功に一喜一憂する。苦難の先に成し遂げた成功には、苦労以上の享楽というものがある。

私のガイド修行はそんな人との結びつきについて、当たり前のことを考える契機になってくれたように思う。ガイドとなって久しい今なら、その意義も、人の求める理由も、その恩恵も、以前より深く理解できるように思うのである。

スイングとドライと

秋の中流域では、大きなニジマスがシーズン最後のヒゲナガにライズしていた。シングルハンドのトラウトスペイ的な攻略が功を奏する

水面のスイング

ときおり強い風が秋の色に染まった斜面にぶつかり、巻き返しの風が水面を波立たせる。厄介なことに大量の落ち葉が舞って、水面を無数に流れる。河原のない典型的な道北の川。河畔の木々に覆われて、枯れ葉も昆虫も一緒くたになって流れる。トラウトは巧みにエサになる虫だけをライズして捕食している。

しばらく風が静かになったなと思ったら激しいライズ。対岸側の深場付近で、斜めにニジマスの頭が出てきた。

「バクッ!」

大きな音が響く。何度も繰り返している。秋のヒゲナガカワトビケラのハッチの時間。

この頃の天塩川の上流部、この辺りは川幅があって魚の数は多くはなく、よほどポイントに精通していなければ、このようなシーンを見ることはないだろう。1尾のライズを待つのは事実上無理で、だからこの日の私の釣りも、広い瀬を広

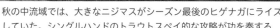

範囲に、ウエットフライをスイングさせ、広く探っていた。

そのポイントは川幅いっぱいに広がる深瀬で、中央部が下流に行くほど深くなっている。瀬頭から徐々に右岸側へ流心は偏り、山の斜面にぶつかるように裾野をカーブする。瀬の全長は50mほどもあって、大ものが潜むには充分な広さだ。

大ものが潜んでいそうな怪しい場所が数ヵ所。深瀬の中に明らかにさらに深そうな、暗く陰った部分。中央部の流心の両脇ももちろん、あるいは対岸付近にも深みがある。

実際のところ、魚はその日の条件で簡単に居場所を変える。水温が下がった秋遅くなら、流れの緩い深みや瀬のヒラキにも充分にいることはできる。フライをスイングさせて釣るなら、いそうなところは全部潰していくべきだろう。手順としてはこうだ。どこから出てきてもいいように、瀬頭に立って、最初は足元から短めにラインを出し、徐々にラインを伸ばして丹念に探る。斜め60度くらい下流に向かってキャスト、まずは縦に流し込み、途中からスイングさせて魚を誘い出す。そのための仕掛けは、通常のウエットフライではなく、水面上をスケーティングするマドラーミノータイプ。

フライは要素さえ揃っていればよい。私の場合は、ヘッドをディアヘアで巻いて刈り込み、ボディーは光りモノのUVカラーが入ったシンセティックのダビング材を使用。この二つを組み合わせる。

ヘアは浮力があって、ポカッと浮く状態で流れを横切らせてスイングさせると、フライは水面を切り裂くようにターンする。

マドラーミノーを使ったのは、夕べの河畔での車中泊で、灯したランタンの明かりに、かなりの数のヒゲナガが寄ってきたからだ。秋のヒゲナガのハッチに当たったようだった。今日はヒゲナガを意識したパターンで釣ってやろうと耽々《たんたん》とねらっていたわけである。

瀬頭から流したフライは、水に揉まれて半沈みのいい状態だ。瀬の流心は大きく波立ち、低水温では1級のポイントではなく、そこからは反応はない。流れが広がり全体に深くなった川の中央に小さな渦があった。ねらいはその周辺だろう。見えない沈んだ岩があるようだ。

自分の下流60度くらいの位置に投げてターンオーバーさせ、すぐにフライが泳ぐように仕向ける。フライが渦の下流を通過したなと予想した時だ。ドンという手応え。続いて、ドドドッと大きく震える振動。大ものの予感。

「キタッ！」

すぐにサオを煽《あお》ってフッキングを確実にする。だが最初の走りですぐにハリは外れてしまった。スイングの釣りではよくあることだが、いちおうフックのハリ先をチェックする。これは大先輩の編集者に口を酸っぱくして教えられたこと。スイングの釣りでバレたと話すと、

「ハリはチェックしたか？」

とよく言われたものである。確かにハリ先が少し甘くなっているような気がする。普通はシャープナーで研ぐのが、この日はフライを替えることにした。

一度掛かった魚は興奮してしばらく掛かることはないが、水の中で大きな魚が

川岸を高いバンクに囲まれた場所でも、シングルハンドロッド・ショートヘッドのラインシステムは難なくこなすことが出来る

マドラーミノータイプのフライが水面上をスケーティングするスイングに、ガバッと飛びついたオスのニジマス。ヒゲナガと勘違いしたのだろう

シングルハンドロッドとライトなスペイライン。中流をウエットフライで攻略するための組み合わせ。タックルの進化が新しい釣りを開拓させる

暴れた以上、ほかにもいるかもしれないマスも警戒するはず。パターンは同じ。今度は小さなショットを付けて流すことにしよう。

シングルハンド・トラウトスペイ

　この日のタックルは10フィート5番、長いシングルハンドロッドである。中規模以下の川で、「細かなポイントをスイングで攻略する」のに適している。足元近くをねらう場合や、ライズに対してもすぐに打ち返せる速射性では、スイッチロッドよりもシングルハンドに分がある。長いツーハンドで四苦八苦する人を横目に、何度かいい思いもしてきた。海の向こうでは、シングルハンド・トラウトスペイと称して、楽しんでいる釣り人たちがいる。

　この釣りでは、軽快なシステムを支えるのにラインの適合がより重要だ。スペイキャストが可能で、フライは中〜小型、飛距離は7〜25mで充分なのでスカンジナビアンタイプ。自分のすぐ下流5mみたいな所でライズがあったときに、長いラインや、ヘッドとランニングラインが別体になったものは対応に限界があるので一体型のラインにする。特に太いヘッドの物は魚を警戒させてしまう恐れがある。すぐ近く、または遠くでライズがあったときでも、直後に打てる速射性も重要だ。本当の意味でのタクティカルなラインシステムが実践的なのだ。SA社のスペイライト・スカンジ・インテグレーテッドが最近ではマッチする。重たいストリーマーを運ぶほどのパワーはないが、ラインメンディングのしやすさなどより繊細な釣りに向いている。立ち込む位置によるアンカー切れも犯しにくく、キャストの自由度も高い。中規模の河川ならこの手のラインがより実践的で使いやすい。

　先端にはフローティングのナイロンリーダーのみ。ライズもあって魚が高活性、簡単に浮いてくるような状況で、魚に警戒心を与えるシンキングは今回使用していない。フローティングや水面直下の釣りでは、長いリーダー・ティペットが効果的。もちろん水面に注意の向いている魚たちを警戒させないためである。マドラーミノーのように浮くタイプのストリーマーは、同時にドライフライのような役目も果たす。浮いても動いても効果を発揮するのだ。そのほかにもオーソドックスなウエットフライも有効だ。水面直下を泳がせるような動き、あるいはここぞというポイントへ流れに沿って縦に流し込む釣りにも対応させたい。

　アタリはグググッと手元に伝わったり、ラインが引き込まれるのが見えて分かるが、アワセは取る派と取らない派に分かれる。取る場合はアタリを確実にするため、取らない場合は追い食いをさせるためと、目的が異なるので自身で判断するしかない。

　ところで、この日の釣りの顛末《てんまつ》。最初にライズを見たポイント、深瀬の中央付近から対岸の深みに続くカケアガリ。そこには何尾か良型が並んでいたようだ。

　岸ぎりぎり、バンク際にフライを着水。と同時に、きっとエサを待っていたニジマスだったのだろう、すぐに大きな頭が浮いてきてくわえた。50㎝にちょっと足

砲弾型の魚体、隅々まで伸びた優美なヒレ。
強力なパワーも秘めていた50㎝台の秋ニジマス

川幅いっぱいに流れる道北の中流で、ヒットさせる下山巌さん。札幌市で
プロショップ「ドリーバーデン」を経営する老舗のプロガイドでもある

下山さんが対岸から引き出した、秋ならではの激しいファイトを見せたニジマス。シングルハンドによるスペイは細かなポイントを攻略できる

マドラーヘッドなどを持つヒゲナガカワトビケラに対応したフライ。浮かべても沈んでも、ナチュラルドリフトでもスイングでも機能する汎用性の高さが魅力

りないメスのニジマス。すぐにリリースして、フライを新しいマドラータイプのヒゲナガアダルトパターンに交換。その間にポイントを休ませて、今度はやや沈めながら強制的にスイングさせる。

さっきよりも4mほど下流に着水させ、ターンオーバー直後に張ったラインがフライをターンさせる。スイングのスピードが速いので一度メンディングを入れて、速度を落とす。するとそのタイミングで、今度はズンと重たいアタリが手元に伝わる。大きいアタリなのですぐに合わせると、下流へと走り出し、しかし魚は止まらず、バッキングまでも引き出される。川の中央の深場を行ったり来たり、えらく怪力でいつまでも岸に寄ってこない。ネットに収めると50cm台の半ばくらい。充分に大きく、太い。

背中が盛り上がっていかにも泳ぎの強そうな、ヒレの先までも優美な1尾だった。タックルからラインシステムまでが上手く機能して、会心の1尾、また格別なものではある。

解説・秋のライズフィッシング

土手の上からプールのライズ捜し。いかにも大ものがいそうな深瀬を見つけたら、ライズが起きるのを待ち、その場所を特定する

秋のターゲットはほぼニジマス。落ち葉の流下がある中でも、しっかりとエサだけを選んで食べていた良型

秋のポイント

紅葉真っ盛りとなった10月の渓流。強い風が吹けばたくさんの落ち葉が水面を流れるが、その合間に静かに繰り返されるライズを見る機会も増える。

秋は初夏と並んで、トラウトがライズをしやすい環境にある。この釣りの真骨頂を体験できる季節でもあるのだが、その理由の一つは、水温が低くなること。一般的にトラウト、特に秋のターゲットとなるニジマスは、最適水温が9～18℃といわれている。北海道の河川では場所によって異なるが、例年9月中旬にもなると10℃近くまで下がる。水温20℃を超える夏を過ごした後ということもあり、魚はエサをよく食べる飽食の秋ということになる。

北海道のニジマスは春に産卵するものが多いため、秋は総じてコンディションがよい。ネイティブのヤマメやアメマスが産卵シーズンを迎えているのとは対照的だ。

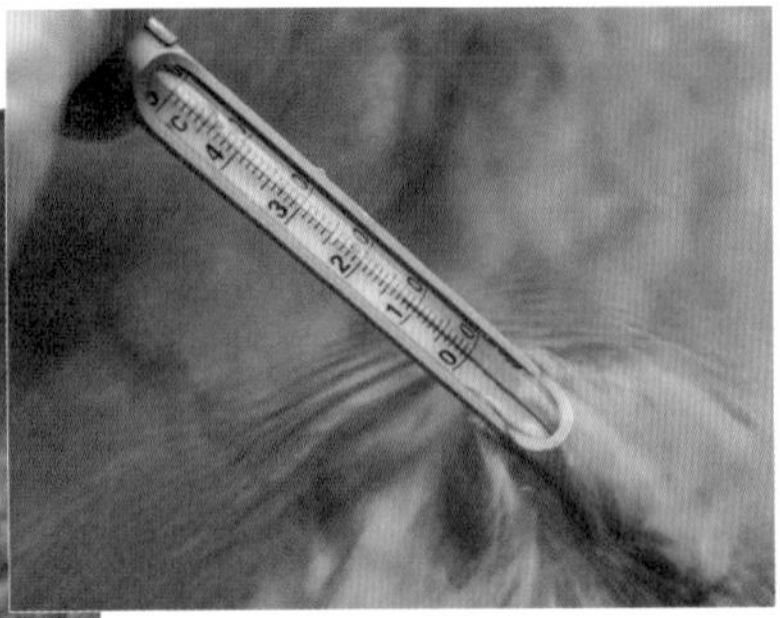

水温12℃は、ニジマスにとって適水温。ライズを待っている時間などを使って、水温計でデータを取って今後の参考にする

暖かい日の夕暮れ前に、ヒラタカゲロウのスピナーフォールが始まった。スピナーは一斉に川面へ落下し、数十分の短いライズの宴が始まる

（写真 B）深瀬のバンク際でライズを繰り返していたニジマス。夏に比べると緩い流れでエサを頻繁に取る個体が現われる。良型も多い

ねらうべきポイントは、魚が夏場よりもやや緩い流れに移動するケースが多く、少ないエネルギーでエサを捕食できる場所ということになる。エサの乏しい冬の前と春の産卵のために、出来るだけ栄養を蓄えておくためだろう。また低水温により、必要な酸素量も少なくて済むため、流れの速い場所にいる理由が乏しい。そうしたことから、より緩い流れの位置へ変わっていると考えるのがセオリーだ。

もっとも、トラウトが緩い流れを探して長距離を移動するわけではない。たとえば長さ50ｍほどの深瀬であれば、夏場は瀬頭の激しい流れから出てきた個体は、秋には同じ瀬のやや下流側や、瀬脇にいることが増えるということだ。

写真Aはポイントの全景で、Bはやや下流側のアップの写真。典型的な秋のポイントだ。左側の岸際に流心があって、夏場なら魚は上流にある深瀬の始まる瀬頭にいることが多い。しかし秋になると、下流側の比較的緩い場所がねらいめになる。

（写真 A）対岸に茂るボサ脇の深みなどは秋の好ポイント。流れは緩いがエサの流下量が多く、トラウトにとってはエサ捕り場所

（写真 C）真っ黒いダウンウイングのパターンに出たニジマスは、フライを変えた末にヒット。秋はフライを替えながらライズを攻略するのが面白い

釣り人に脅かされていなければ、下流側の草のバンク近くでライズを繰り返す。フライがマッチしていなかったり、ドラッグが掛かっていたりすると、すぐに見切られてしまう。一度警戒されると、やや上流の生い茂ったボサの根元に逃げ込んでしまう。ただし、しばらく釣らずに待っていると、根元近くの流心に出てきてライズをまた始めることも多い。

写真Cはそのライズの主。55㎝ほどで見事なファイトをしてくれた。ヒットフライは甲虫にも見える、ダウンウイングのブラックカディス。メイフライパターンのパラシュートではヒットせず、真っ黒なドライフライに替えると反応した。オーソドックスなフライパターンには少し警戒していたのかもしれない。ちなみに、真っ黒なフライは効果的なので、大中小とボックスに忍ばせておくとよいだろう。

ライズと流下するエサを観察する

ライズを見つけたら、まずは水面を観

察。流下する昆虫のうち、最も多そうなものを特定する。それを真似て作られたフライを、ライズする地点に流し込めば、魚はだまされて食べる、というのが基本的なメカニズムだ。とてもシンプルで道理にかなった釣り方だと思う。

ただし、魚の興味を引くフライを使うことが大切で、しかも本物の虫が流れるように、いわゆるナチュラルドリフトで流さなければ、騙されてはくれない。本物の虫にはイトなど付いていないので、引っ張られて流れることなどないからだ。流れは複雑で実際には、うまくいかないことが多い。賢くなったトラウトたちは簡単にフライを食べてくれないのが現実である。

ガイドをしていて、釣り場にゲストと訪れるとよく聞かれるのが、

「結ぶフライは何ですか?」

当然といえば当然の質問なのだが、その段階では何が正解に近いフライなのか、まだ分かってはいないのが普通。なので、答えはこうなる。

「ライズがあったら、流れているエサに合わせて、なかったらまずは観察しましょう」

プール(長く続く深瀬)でライズが起きるのを待っていれば、正午頃を中心に午後遅くまでライズするトラウトを見ることが出来るだろう。大ものが潜んでいそうな場所では、下手にフライを投げずに、ライズ待ちする釣り方もある。ワンチャンスをモノにするには、待つことも大事なのだ。

そもそも渓流のドライフライでは、釣り方が二つある。一つは、ライズを見つけてからの「ライズの釣り」。もう一つは、ライズがないときにポイントを叩いてねらう「ブラインドの釣り」だ。

ブラインドの釣りは、まずは魚のいそうなところにフライを流していく。ライズの少ない夏場は特に有効だ。

一方、ライズの釣りは、先ほどのおさらいになるが、まず川面を観察し、ライズがあるかないか、エサの虫が流下しているかどうかを観察することから始める。ライズの前に流下する目立ったエサが見つかれば、そのフライパターンを結んで待つことになる。

水生昆虫は秋のトラウトにとっても重要だ。春から初夏にかけて特に日中に数多く羽化し、盛夏にはいったん数が減るが、9月中旬になるとまた、水生昆虫が日中に羽化する季節となる。それと同時に、陸生昆虫の落下と捕食が多いのもこの時期の特徴。つまり、秋のステージは水生昆虫と陸生昆虫の両方が重要だということになる。

釣れた魚の胃袋からストマックポンプという道具を使って、内容物を吸い出してみると、水生昆虫から陸生昆虫まであらゆるものを捕食しているトラウトが多いことが分かる。ちなみにポンプは、慣れないと魚を弱らせてしまうことになるので、むやみに使うことは推奨しない。冷たい水が流れている場合のみ、一度二度の吸い取りで、失敗したらすぐにリリースするなど、魚を傷めないための手順を決めておくとよいだろう。

10月の日中に多い流下物は、羽虫類のジバチやハエ、後半になると中小の甲虫類、カメムシなど。川床に石が多い場所

10月のニジマスの胃の内容物。左から小型のビートル、カメムシ、ハエ、カディス、カディスピューパとバラエティ豊富。水面近くを流れるエサを食べていることを示している

太ってコンディションのよい秋ニジマス。冬から春に産卵を迎えるニジマスは、水面のエサに対してもライズをしやすいという特徴がある

では、カディスが昼間でも羽化し、岸辺の枝木の周りで飛んでいるだろう。また毎年同じではなく、年によって流下物の種類や多少は変化する。

初夏に羽化するカディスは、初夏に羽化・産卵をして、その幼虫が早めに成長すると、秋にも二度目の羽化をする場合がある。その場合はやや小型になるようだ。水面下、または水面上でもよく動き回るので、追うトラウトも激しく飛び掛かることがある。この羽化があるときは面白い釣りになるだろう。

用意するドライフライは、「出来るだけ多くのパターンを」ということになる。数種類のフライパターンを用意するなら、エルクヘアとCDCのカディス、明るい色のパラシュート、小型の羽虫や、ビートルを模したピーコックやブラック・パラシュートなど。サイズは中小の12~16番を揃えておくとよい。ハックルは少なめにするのがコツ。

希に水生昆虫しか食べないトラウトの川というのがある。しかもフックサイズで20番という極小の虫だけを食べて、大

きさの違うフライを流しても反応しないような個体も出てくる。こうしたトラウトに遭遇したとき、持っているフライをとっかえひっかえして、なんとか食べさせようと工夫するのが面白い。こいつはダメだと諦めて次の魚を探すのが普通かもしれないが、あきらめずに粘って手にしたときの喜びは大きい。そうした試行錯誤がライズの釣りの面白味であり、魚と自然を深く理解することへとつながっていくはずだ。

ライズの釣りの手順

まずはライズを見つけなければ成り立たない。これは的確にポイントを読むということである。

魚がライズする位置は、前述のように夏場よりもやや下流側の緩い流心。その流れの寄り集まりには、小さな白い泡が流れていることが多い。これをバブルレーンと呼ぶが、この泡に交じって、小さなゴミと共にエサとなる小さな昆虫類も流れている。そのため、ライズはそのバブルレーン周辺で起きる。繰り返して起きるのも秋の特徴だ。

そのライズは、あまり激しくない場合が多く、大ものでも静かに行なわれる。連続してエサが流れていれば、魚は水面近くに浮上し、エサを捕る動作もゆっくりとした動作になる。本当に警戒心がなくリラックスしている場合は、鼻先や頭、食べた後に尾ビレが出ることも多い。ヘッド&テールと呼ばれる現象だ。

緩い流れでは、フライやラインの着水に敏感なので、プレゼンテーションには注意が必要だ。釣り人に手痛い目にあわされて学習したトラウトは、不自然なフライはスルーし、またラインやリーダーがフライや魚の近くに着水しても、警戒されてしまうことが少なくない。つまり、なかなかシビアな釣りということになる。

魚に警戒されないためには、静かなプレゼンテーションを心がけ、長いリーダー・ティペットを使用する。全長16フィートほどあるとかなり効果が出る。また小さなフライを使うときは、5～6Xを用意したい。北海道ではあまり馴染みがないかもしれないが、14番サイズ以下のフライは5X、現代のフロロカーボンなら以前のナイロン4X相当の強度がある。

アプローチの時に気をつけたいのは、流れの緩い場所では察知されやすいこと。迂闊に近付かないことだ。手前で魚を脅してしまうと、本命ポイントに逃げ込んでしまい、全体がダメになってしまう。

また、ライズしていた魚が警戒してライズをやめてしまった場合でも、フッキングさえしていなかったら、多くの場合でまた同じ場所でライズが始まる。だから釣れなかったといって、ポイントに立ち込まずに、静かに待つこともライズの釣りでは重要だ。

最後に、山間部の渓流の場合、ヒグマが昼間から行動する時期であることを忘れてはならない。秋遅くは、1人で静かにいるのは危険だ。複数で行動を共にしたり、常時大音量のラジオを鳴らしたり、最大限の注意を払うべきだろう。

エルモンヒラタカゲロウのイマージャー。カゲロウには水面で羽を広げるタイプと、水中で羽を広げながら水面に這い出るタイプとがある。これは後者のパターン

ライズがあっても神経質で、ドライフライに反応しない場合には、水面下を流すウエットフライをナチュラルに流すと成功につながる

ハチとミスマッチ

川岸の木立にぶら下がるスズメバチの巣。夏の終わりだとこの大きさ、秋にはさらに大きくなる。ハチの数も増えてより攻撃的だ

クマより深刻かもしれないハチの脅威

私は釣りをしていてハチに刺されたことが3回ある。最初はニュージーランドでさほど大事にもならず、他の2回は北海道でいずれも秋だった。ハチは夏に活発に行動するように見えるが、実は個体数が増える秋に攻撃性が増すらしい。

何年か前のこと。ある川に降りようと支度をして、草むらに立てかけたロッドを手にしようとした瞬間、「バチンッ」という派手な音を立てて手の甲を刺された。びっくりするような音で、やられた！くらいにしか思わなかったのだが、刺された個所を中心にみるみる甲が膨らんできた。どこで聞いたのか「二度刺されたらショック死することがある」というのを覚えていて、このときはすでに三度目だったので、急に心臓がドキドキしたりしてこないか、しばらく待ってみたが、特段変わったことはなかった。だが手の甲の腫れは尋常ではなく、満足にロッドも握れなくなった。今日の核心ポイントを目前に惜しく

10月中旬、小春日和の渓では、深瀬や淵でニジマスが浮いたり沈んだりしながら、活発にエサを追う姿を見ることができるはず

も切り上げ、車でまっすぐ病院へ向かった。

医者に聞いたところによると、ハチによる「アナフィラキシーショック」の症状は、刺されてから15分程度までに現われるので、それ以降なんともなければ大丈夫ということだった。しかし、薬を塗ってもらったが腫れはなかなか引かず、数日は不自由な生活になってしまった。その程度で済んだのは不幸中の幸いで、その後私は花粉症になってしまったので、アレルギー反応が出やすく、ハチ刺されには特に注意が必要ということだった。

ところで、不幸にもハチに刺されて亡くなる方が日本全体では年間20名前後いる。身近なところでは、十勝地方で2名の方が亡くなったシーズンがある。釣り人が警戒するヒグマは平均すると年に0人～2人、実害はスズメバチのほうが大きいと考えるべきなのかもしれない。

ハチ（フライ）の一刺し

余談が長くなってしまった。本題はその川での出来事なのだ。

それは良型のニジマスがいるフリーストーンの川で、その年も含めて、3シーズンほど連続で探索を繰り返していた。野生化したニジマスがほどよく生息し、ハチのパターンで思い出深い釣りを何度か体験していた。

中流部よりもむしろ上流部に穏やかな流れの深瀬がいくつかあって、10月以降はカディスのハッチ、スピナーフォール、葉が落ちるシーズン最後まで小型の陸生昆虫が流れる。秋はライズの釣りができるお気に入りの川だった。

下流には本流から差してくる見事なサイズのニジマスがときおり釣れたので、その年も下流のプールを観察していたところ、散発ながらライズがあった。バンク際の深みには木の枝が覆い被さり、岸から1mくらいの流れに泡立ったバブルライン。そこでときおり、

「ブシュッ！」

という音と共に、激しく大きなライズが起きていた。これは楽勝だと思った。

ライズのある流れの上空には何も障害物はなかったが、バックキャストはどこに立ってもスペースがない。ロールキャストをするためには、真横だと近すぎてラインの着水で警戒される。斜め上流側に立つと、やはり魚の視界に入りそうな距離なのである。ということで、やや後方に陣取って慣れないオフショルダーのロールキャスト。二度三度と失敗したが、慣れてくると、フライがライズ方向へと伸びて行った。

フライはこの季節の大ものに効果のあるホッパーパターン。これまでも何十尾もの良型をヒットさせて実証済みだ。最終的にはしつこく水面を叩いてリアクションで飛び出してくるものも少なくない。

だが、その裏付けと自信にもかかわらず、何度投げても反応がない。しかも、いつもならこんなに大きなフライを何度も投げつけると、ライズは沈黙するものだ。だがここでは、キャストをやめるとすぐにライズが始まるのである。セレクティブ・トラウト。流れる虫と偽物を識別し、フライを見切り、釣り人をなめるトラウトである。小型のはずがない。

水面には目立ったハッチや流下は見えない。見えないだけで何か流れているかと思ったが、警戒させないためにも下手に魚の周りは動き回れない。仕方がないので、その位置でフライを交換する。水中から押し出すようなスプラッシュ・ライズだから、カディスであると考えるのが妥当だろう。

だが、手は自然とハチのパラシュートパターンへ。秋のセレクティブ・トラウトへの私の回答、定番のパターンだ。黒に黄色の帯の入ったボディーをややずんぐりとさせてシャンクに巻き、ハックルは黒、ポストは黄色のアントヤーンを使用。黒と黄色のコントラストを特徴として生かす。

これを投げて一発で飛び出してきた。前のフライではカスリもしなかったのにだ。バシャッと飛び出して、しっかりとフッキングさせることはできたのだが、想定以上のことが起きてしまった。

結論からいうと、魚がデカすぎたのだ。最初の走りで、ラインを引っ張る力が尋常ではないほど強いのが分かった。ほんのわずかな時間だったと思うが、ラインが突っ込んだまま動かない。絡まったか？と思った瞬間、ラインの沈んだ5mくら

秋の高原にあるキャンプ場で、周辺河川のライズ・フィッシングのベースキャンプとする。すっかり涼しくなった夜風が心地よい

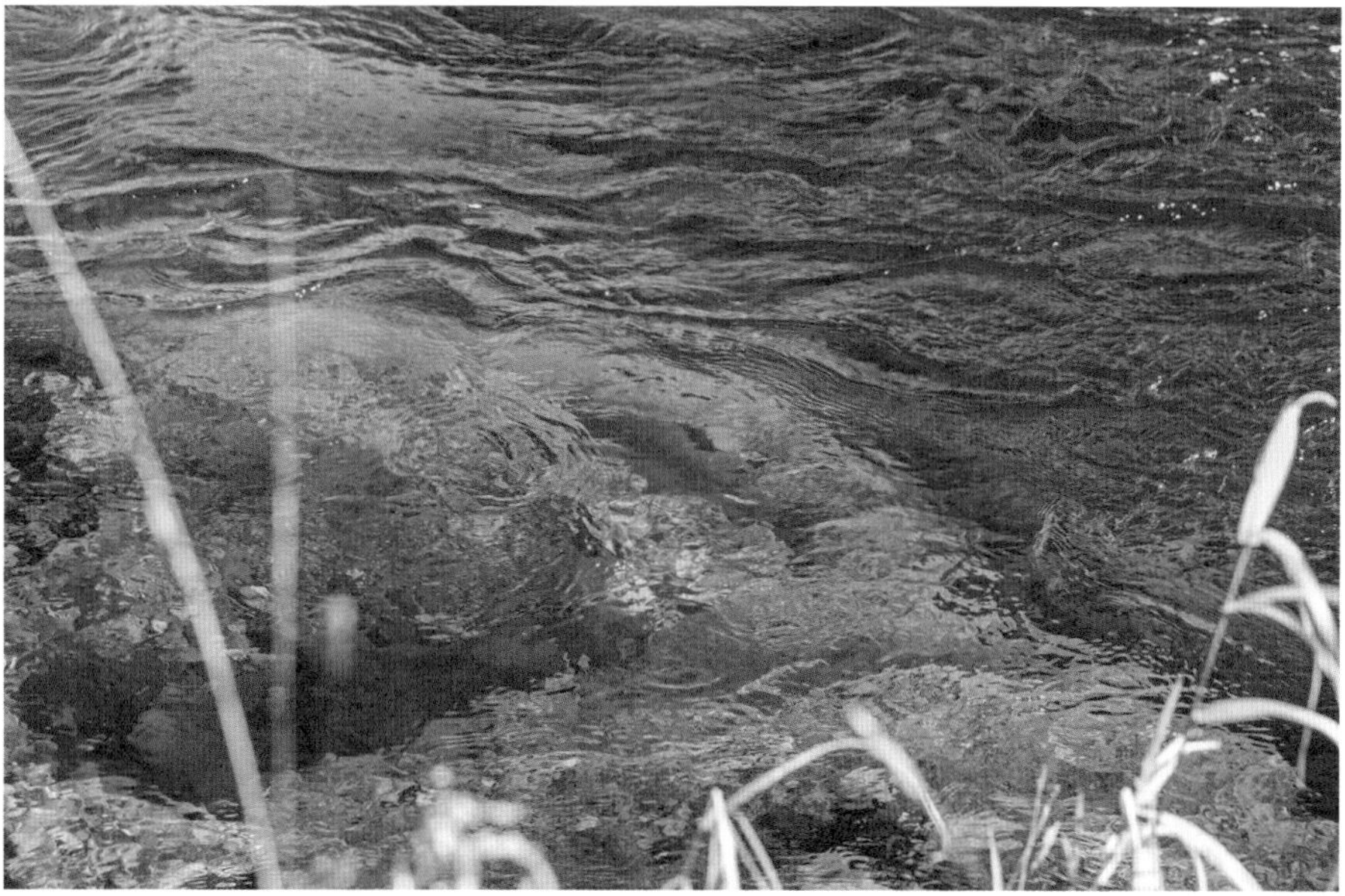

60㎝近い大ものがバンク際の深く緩いポケットに定位している。水面に虫が流れない限りライズはない

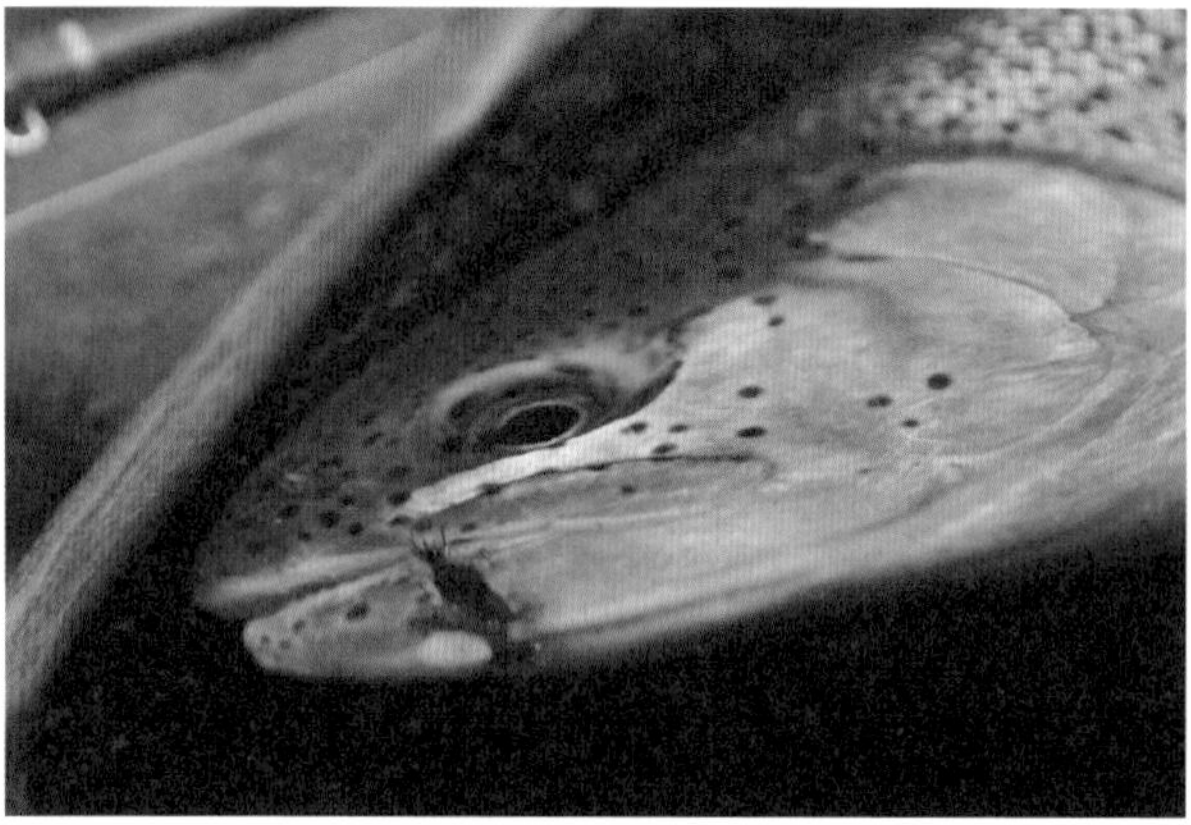

黒と黄色のコントラストでまとめたハチパターンをくわえたニジマス。これは必殺の仕事人的フライだ

キャンプで車中泊でと各地で、粗末で簡易なタイイングを繰り返してきた。おかげで釣れる要素だけのフライを巻くようになった。見た目は悪いが

い上流で大ジャンプ。違う魚が暴れているのかと思ったが、口に掛かったフライとリーダーがつながっているのが見える。

「あ、おれのだ……」

しかも、それは70㎝を超えるような巨体。尾ビレで水面を叩き、コイの滝登りのように体を躍らせているのだ。水面に落下した瞬間、大げさではなく本当に、「ざっぱーん」と津波のように波立った。あんなのは見たことがなかった。

魚のあまりの早さと強さでラインは水中に没したまま、水面を切り裂くこともなく、水に潜ったままジャンプの先で引っ張り出されたのだ。かなり強烈に水圧が掛かっていたのだろう。この時すでに、ハリは曲げられ、ゲイプが開いていたはずだ。ちょっとの膠着《こうちゃく》状態のあと、フッと軽くなりバレてしまった。フックを見ると、見事にハリ先が外を向いていた。

考えてみると、トンデモナイサイズのニジマスが、普通にライズをしていて、小さな昆虫を食べていた。それは奇跡のような状況との遭遇というしかないのである。

北海道の四季とマス釣りキャンプ旅

LATE AUTUMN-EARLY WINTER

晩秋初冬

ストーブキャンプの癒し

炎と暖

さて冬である。こんな季節でも釣りキャンプをしてきたわけだが、寒い季節なりに楽しみがある。自虐的なストイックな楽しみというわけではなく、実際に、楽しく快適なキャンプなのだ。それはほぼ「暖を取る」という一点に集約される。そして、キャンプで火をおこすといえば焚火だ。

焚火から上がる火には不思議な魅力がある。特に寒さが増す時期の炎は格別だ。もちろん、夏場でも秋口でも焚火そのものに変わりはないはずなのだが、寒さの増すこの時期は、特別に感じさせてくれる何かがある。

12月のキャンプを体験してみると分かることだが、夕暮れまでは薪が燃える炎を見ながら、焚火を楽しめばいい。だが、実際には日が落ちた後はかなり冷え込み、氷点下になるのが普通だ。

冬のキャンプが夏場のキャンプと違うのは、この寒冷対策。多くの人は大型のテントあるいはシェルターでも、テーブルやチェアなどを入れて、中だけで快適に過ごせるようにする。就寝する場所も中にする形が望ましく、焚火だけは外という形式になる。

ここで問題になるのが、シェルター内の暖房だ。焚火をシェルター内で燃やすとどうなるかは想像がつくと思うが、一酸化中毒という死に至る危険性をはらんでいる。

もっとも簡単なのは灯油ストーブ。風の出るファンヒーターではなく、昔ながらの対流式ストーブであれば、ジンワリとした熱で温めてくれるだろう。きちんとした製品であれば火器としては安全だし、最近ではキャンプメーカーなども販売している。ただしこれも一酸化炭素は発生するので、閉め切りは不可能だ。しかも風通しをよくする必要がある。

もっとも機能的かつ、使いこなす愉しみがあるのが、キャンプ用の携帯型の薪ストーブだ。携帯型といってもあまり小さいと機能は損なわれるので（ストーブ内の空間が大きいほど燃焼力は増す）、それなりに大きいものが使いやすい。煙がシェルター内に充満することもなく、薪が燃えて爆ぜる音や、最近のストーブには窓ガラスが備えられていて、焚火のように燃える様子がよく見える。これが見えるのと見えないのとでは気分がだいぶ違う。火が弱くなったり、燃え方が悪くなったりすれば、ふたを開けて薪の位置を調整してやる。ストーブの上で調理をしようと思えば、よく燃えて火力の強い薪をくべる必要がある。

キャンプで使う薪ストーブは、建物に備え付けたストーブよりも扱いが難しい。その分、うまく調整しながら燃やす

ストーブもこまめに面倒を見ないと燃えが悪くなる。それも楽しいと思えるのは危ない火遊びの魅力なのだろうか？

ことができれば、満足度も高いということ。何か釣りに通じるものがあるようにも思う。単に暖まるだけの器具ではなく、使うことで愛着も湧く冬の大事な相棒のようなものなのだ。

ちなみに、ストーブは煙突で排気されるとはいえ、シェルター内で使うときは、一酸化酸素を検知する小型の警報器が必須。私の場合は故障も考慮して就寝時は2個同時に使う。むろん、シェルター内ではなく、屋外のタープの下で使うのも悪くない利用方法だ。

大人の火遊び

北海道のキャンプ場は閑散期になる9月から10月頃には、ほとんどのキャンプ場が営業を止めてしまう。雪に閉ざされて管理が大変な割に、物好きなキャンパーはほとんどいないからだが、ここ数年キャンプブームということもあって、少々事情が変わってはきたようである。

以前から希に、釣り場が近く冬季でも積雪が少ない地方で、なおかつ自由

1人には少し大きめのティピー型テント。ポールを真ん中で突き立てるだけの簡単設営。上部から排気や煙突を出すことができるので、テント内で煮炊きも暖もとることができる

モクモクと出る煙を見ていると、不思議な安心感に包まれる。この煙を直接浴びなくてよいのが薪ストーブのいいところ

地面にびっしりと落ちている枯葉を投入すると、一気に火の手が上がる。子供の頃は焚火で派手に燃やして遊んだものである

持ち込んだ通常サイズの薪をさらに細かく割る。薪割専用のオノを使うことで簡単に割れるようになる。割台になる平らで分厚く硬い板状の木を使うとさらに簡単に

細かく割った焚き付け。これを割って作る作業も楽しみ。冬のストーブキャンプはこんなことに時間を費やすので、遊び感覚がないと無駄な労働に感じることになりかねない

小型の一酸化炭素警報機。シェルターやテント内で火を使い、どうしても密閉しがちな冬キャンプの必須のアイテムとして考えたいところ

に使えるキャンプ場所があったが、最近ではいくつか営業するキャンプ場が出来てきた。釣りキャンプに使えるキャンプ場は、あくまでも近くに釣り場があるという前提なので、元より多くはないのだが、河原などでキャンプをしていて、冬ごもりしなかったヒグマと遭遇、なんてことにならないようにだけは気を付けたいところである。

そもそも昼間の日差しが少ない12月、はっきりいって釣りができる時間はちょっとしかない。だがそれで充分。釣りに、川に出掛けられただけで満足。魚が釣れたら幸運。それくらいでちょうどいいのである。

私がキャンプで薪ストーブがいいなぁと思ったのは、20年くらい前のことだ。その年もアルバイト生活で稼ぎながら、少し金が貯まったら1人で何日もキャンプをしながら釣りをしていた私は、5月のキャンプ場が思いのほか寒いことを思い知らされていた。

週末になって、近郊の町から来たというオジサンが、懐かしい三角テントの前

カセットガスなどを利用したガスストーブ。ガスは調理用と共通に出来て便利。焚火や薪ストーブのような、手のかかる器具には愛着がわくがこの便利なだけのアイテムは……

移動がある場合の釣りでは、オーバーランドスタイルの簡易的なオーニングテントを使用。やはり薪ストーブはインストール

で妙なものを出しているのに気が付いた。妙なものとは、あのペラペラの鉄板でできた、ダルマ型の薪ストーブである。私にはその薪ストーブは幼少期から、貧しい実家での生活の象徴のようなもので、とてもキャンプ場に似つかわしいとは思えなかった。そんなものをキャンプ場に持ち込んで、このオジサンは何をやろうというのか、詰問しようと思った。とはいえ、興味があって近づいてみると不思議に和んでしまったのである。

一晩、ぼそぼそと何気ない会話をしていたが、会話が途切れるとオジサンはストーブを開けて薪を弄《いじ》ったり、薪を鉈《なた》で細かく割ったりする。そのストーブの温もりに当たっていると、なるほど、キャンプでの薪ストーブは、なかなか頼もしいものだなと思うようになった。

ストーブの煙突はさほど高くはなかったが、焚火のように煙に巻かれて泣かされることもないし、何よりもストーブの輻射《ふくしゃ》熱で直火よりも暖かさが柔らかい。小さな焚き付け（細い薪）を割るのを見ていると、子供時代に仕事として与えられて、苦痛でしかなかった薪割りとは、まったく違った行為に見えてくる。楽しそうなのである。

　そのオジサンの薪ストーブは、小ぢんまりとしたスペースの真ん中、キャンプの主役だった。おそらくただ薪ストーブを燃やしにキャンプに来ていたのだろう。私は若くて釣りが忙しく、キャンプにそれほどお金をかけられなかったから、薪ストーブを買ったのはずいぶんと時間が経てからだったが、今ではストーブなしに冬キャンプはしない。

　手に入れた今も釣りなしのキャンプには出掛けないが、釣りに行ってストーブを燃やすのは正しい行為なのだと思うようにもなった。薪割りも同様。

　今ならその理由がはっきりと分かる。釣りから上がってきた自分のキャンプに薪ストーブがあり、煙突から煙が漂うのを見ると、単純に癒されるからだ。川や湖に漬かって冷える釣りはどうしたってストイックにならざるを得ない。だが、ストーブで煌々《こうこう》と燃える炎を眺めていれば、身体だけではなく心も暖まる。そう考えると、釣りと冬のキャンプは悪くない組み合わせだと気が付くのである。どちらからも癒されるということに。

川辺の朝陽を見ながら熱いコーヒーが飲めるというだけで幸せな気分になる

イトウ戦記～ＤＶＤ撮影秘話～

時合の魚

２０１０年から２０１４年まで、私は道北地方の河川湖沼で、フライフィッシングでイトウを釣る人々の姿を追う、いわゆるドキュメンタリービデオの撮影をしていた。ＤＶＤ『イトウ戦記』は、釣り方のノウハウのビデオとは違い、実際に釣りをしている方々の釣りの姿や言葉の中から、この釣りの真髄を理解したいという願いを込めていた。

フライフィッシングでイトウをねらう人々は、ただ釣ればいいというのではなく、各人がこだわりや独自のスタイル、楽しみを持っている。それを見せてもらうことで、生息数の決して多くはないイトウの釣りがこれからも持続していけるよう、何かヒントがあるかもしれない。そんなテーマをスタッフで話し合い、ドキュメントはスタートした。その成果も充分にあったように思う。だが撮影そのものは困難を極めた。

撮影初年の10月、国道40号線を走っているところで電話が掛かってきた。遅いのを心配しての電話かと思ったが、どうも不機嫌そうな声。

「なんでそんなに遅いんだい？」

前日に「午後1時ころに中川町付近で待ち合わせて一緒に釣りをしましょう」という話だったが、私は予定を過ぎてもまだ小一時間は掛かりそうな場所にいた。道北地方でも美深から北は不慣れで、時間の計算がまったくなってなかったのだが、この日は撮影でもないし、まあ遅れても釣りの時間が減るだけ、というつもりで呑気にしていた。

あまり悪びれずに待ち合わせに行ったもののプロデューサーW氏はちょっと不機嫌そうである。何をそんなに……と思って話を聞くと、約束の時間に来た彼は一足先にサオをだし、数投目に良型のイトウを釣ってしまっていたのである。君は写真やビデオ映像を撮れる千載一遇のチャンスを、みすみす逃してしまったんだよ、というのである。確かにそれは残念、でもまた釣ればいいじゃないですか、私はそう簡単に考えていた。よく知りもしないで。そう、私はよく分かっていなかったのだ。

イトウは「時合の魚」とも言われていた。たとえ魚のいる場所にいても釣れるものではなく、ある時合になったときにフライを流していなければ、釣ることは困難だと考えられている。つまり、今日そのポイントでは、時合の時間と場所が合致したということだが、それは人間側の都合で簡単に繰り返せることではなかった

終盤に撮影できた、抜群のコンディションだった秋の猿払イトウ。汽水と海とを行き来する降海性イトウは、希少でもあり、また最高のゲームフィッシュ。水の中で生き生きとしたイトウは、本当に美しい

のだ。

本流のイトウがそう簡単に釣れる魚ではないことは、このあと5年に渡って釣れるようすを収められずに、それこそ「もうイヤ！」というほど思い知らされることになるわけだが、一つだけ前向きに考えられることがあった。

この魚はむしろ簡単に釣ってしまうにはもったいない、その価値を最大限に引き出して、敬意を払うべき相手であることが、制作者として心底理解できた。そうしたストーリーになるべくしてなった、ということである。

もっとも困難を極めた撮影は、天塩川本流だ。ダブルハンドロッドを使い大きなストリーマーをスイングさせる釣りだった。晩秋のイトウをねらおうと季節を絞っていたせいもあり、1シーズン2シーズンと年越しが続き、私一人で、別の取材や個人の釣りのついでに立ち寄り、撮影をすることも重なっていった。さすがに、これでは完成は無理ではないか？と決断が迫られた4年目、ようやくにして唯一のイトウが釣れたのである。釣り

撮影直前のロケハンで、W氏が連続ヒットという情報が入る。まずは調査だと同じポイントに入るが、見事に撃沈。イトウの釣りは難しいということが判明する

人はなんと、前述のプロデューサーW氏。

この年はそれまでの11月中旬の小雪が舞うような遅い季節ではなく、まだ紅葉が残る10月の中旬に撮影に入っており、また天塩川のイトウのスペイの釣りを長年続けていた協力者の方がサポートについてくれていた。

演者と撮影者の私は、W氏より先行して下流で撮影しており、ヒットの瞬間は目撃できなかったが、W氏と協力者が大声で呼ぶ声が聞こえてきた。ハッと振り返ると、100m上流で、弧を描くように大きく曲がった15 ftのダブルハンドロッド。急いで三脚とカメラを担いで岩場を戻り、ファイト中のW氏の姿とカメラを回す。すでにシューティングヘッドの後端までラインを回収していたが、ランディングの瞬間は収めることができ、これでついにDVD完成のめどが立ったのだった。

本流に生息するイトウは数が少なく貴重な姿。ダメージを与えないように、水通しがよい岸際で魚を水に漬けたままその姿を丁寧に撮影する。あとで聞いてみ

ると、深そうなポイントだったので、フライは対岸に向かって90度でキャスト、充分に沈んだ頃を見計らってラインを張り、スイングを開始。フライが流れを横切り、ラインが真っすぐになりかけてからヒットしたようである。

「フライはよく動くパターンが効くようだ」

このコメントは私の印象にも強く残り、DVDでのテロップにも、その後のいくつかの記事にもたびたび使うフレーズになる。水中はどんなことになっているのか分からない釣りでもあるが、それだけに想像力を掻き立てる。「スイングはよく動くフライで誘う」は、多くのイトウフリークの心をつく言葉になっただろう。

実はW氏はその後まもなく闘病の末、この世を去った。このDVDのコンセプト、イトウの釣りの正当性と将来性など、基本になるテーマはW氏によるものだ。釣り、とりわけフライフィッシングのスポーツ性やスポーツマンシップ、紳士的な考えや振る舞いについて、厳しい規範を持っていた。私も多くの影響を受けた。

ところで、このシーンについては裏話がある。裏方の人間は表に出るべきではないというのがW氏の口癖で、このシーンは貴重なシーンゆえ、承諾を得ての登場となった。撮影の流れで勝手にカメラを回し続けていたので、憮然《ぶぜん》とした表情だったかもしれないと、あとでプレビューしてみると、実に嬉しそうな表情をしている。特にリリースシーンなどは満面の笑みで魚を川へと戻し、それは役者顔負けの演技にも見える。本当は最初から出演したかったのではないか？　と疑惑の念が浮かんで来るが、その真相を聞けないのが残念でもあり、少々寂しくもある。

主戦場は猿払川

DVDの主たるフィールドは猿払川だったが、ここには古くから多くの釣り人が訪れ、暗黙の猿払ルールのようなものが出来つつあった。この猿払に足繁く通う釣り人たちを描くことによって、テーマの表現が可能になるはずだった。撮影終盤は、釣果が比較的安定している猿払川に的を絞り、そこで釣りをしている一般の方々にもご協力をいただき、撮影を続けた。

フライでイトウをねらうのは、間違いなく忍耐の伴う釣りである。だがもっとも大事なのは、その釣りに対する価値観と、強い規範とがなければ成立しない。撮影を継続しながら、そう思うようになったのは、猿払で出会った釣り人たちのおかげである。それぞれがみな、こだわりを持ち、たった1尾を釣るための釣行や準備にかなりの時間を費やす。

それは釣れても釣れなくても、挑戦し続ける釣りである。これを享受できないとこの釣りの継続は難しい。ストイックな釣り。タフな釣り。だが、掛かるイトウは、世界に誇れる希少な魚だ。クリアすべき障壁が大きいほど、価値やロマンは大きくなる。簡単な釣りであれば、大のオトコたち、価値観に重きを持つオトコたちを熱くすることはできない。

そこには、自分の思いや経験だけでし

か語れない世界がある。同じ目的を持つ同志と共有できる世界でもある。

ただし、そうした強い価値観は、釣りができるという前提があればこそだ。だから釣るイトウは大事に扱う。大事にしながら、そのイトウの釣魚としての素晴らしさを実感するのだ。これが本当に幻のような存在なら、釣りそのものが成立しなくなる。釣れるからこそ、価値観はさらに生まれるのだ。

撮影の意義

猿払川は、イトウの釣りで最も広く認知されてきた川であり、また、最も個体数が多く残ってきた川でもある。

上中流部は湿原地帯を蛇行しながら流れ、オホーツク海に注ぐ原始河川。ヒグマの密な生息エリアでもあり、このエリアで好んで釣りをするエキスパートは少ない。ダムや大きな工作物がなく、今でもイトウが自由に往来し、産卵を繰り返す、豊かな自然が残されている。メインフィールドは下流部。海と接続する汽水域だ。川幅は100m以上もある。潮が満ちれば流れは逆行し、複雑な潮の動きを読むことがキーになるともいわれる。実績のある釣り場だったから、撮影はそれなりに順調だろうと当初は簡単に考えていたが、これも甘かった。

2010年の初回だけポツポツと釣れたが、やはりメーターに届くような、迫力ある野生の大ものを見てみたい。だが翌年、翌々年と空振りが続いた。釣れているという情報を聞いて数日遅れで札幌から出かけるとダメ。シーズンを通すと魚は釣れていたはずなのに、カメラを持って構えていると、周辺も含めてぱったりと釣れなくなる。撮影の呪いか？ とも考えたが、そんなはずはなく、やはり状況を読むのが難しい釣りだったのだ。

ところで、イトウをフライフィッシングで釣る大きな魅力はなんだろうかと、今回出会った方たちに聞いてみたことがある。そのうちの何人かは、フッキング後に伝わる独特の感触にあるという。大きな魚が頭を振り、体をよじらせるときに伝わる、振り幅の大きな引きである。魚が大きければ、その引きも大きく強い。野生魚、とりわけイトウは大きな魚である。その手ごたえは、強力なタックル、長いダブルハンドロッドでしかもラインは太く長いため、アタリの感度は低い場合もある。

だが、魚を衰弱させてしまっては元も子もない。ここで釣りをする人たちが10番以上のヘビータックルを使う理由はそういった部分もある。そんな強力なタックルをもってしても、イトウが釣り人に伝える生命感は半端なものではないのだ。ダメージを与えずに釣る、あるいは1尾の価値を高める。だから、使用するタックルにも価値を見出すことができる。

水の中のイトウは本当に美しい

猿払の語源は「サロプト」、葦原の河口という意味らしい。撮影の最中に出された、独立行政法人の国立環境研究所が発表したレポートによると、2013年と2014年に猿払の支流でカウントされた個体数はそれぞれ335尾と425

泳ぐフライという名言とともに収めることが出来た本流のスイングで釣ったイトウ

4年目にようやく釣れた天塩川の本流イトウ。W氏の満足げな表情も嬉しい

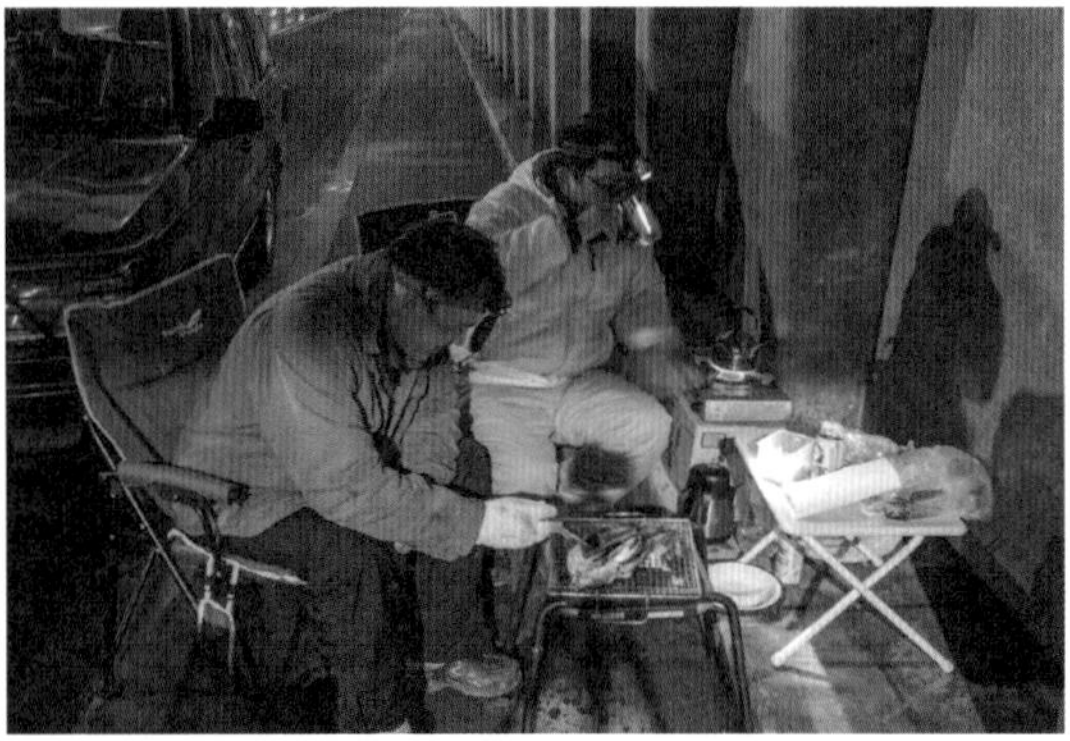

W氏とは撮影の合間に車中泊キャンプをたびたび敢行。この日は土砂降りでトンネルの休憩スペースをお借りしての夕食

江別市のカフェ「ビッグフォーレスト」のマスター大林照夫さん。ビデオカメラを向けられながら釣りをするというのは、どれほど厄介なことか。魚を釣ることを半ば義務化され、その心中は穏やかではなかったかもしれない……

70 歳を越えた今でも、豪快なオーバーヘッドキャストを繰り出す

近くで釣りをしている人が、自然とネットを出してランディングを手伝う光景を目にする。厳しい釣りをする者は同志、それが猿払流

「まずまずだな……」超大ものを逃がしてしまった後でも、イトウを見る眼差しは優しい

尾。流域全体の数を推測するとその約３倍となり、１０００~１２５０尾のイトウの親魚がいるという。ちなみに1mを超す超大型魚は7尾カウントされており、それも約3倍とすると猿払だけで20尾くらいのメーター級がいるとも考えられる。

メータークラスになるまでに15年から20年ほどもかかるというから、この環境の素晴らしさは特筆すべきことだ。多くの釣り人が訪れる川でさえ、殺しさえしなければ良好な個体数が残るということを示しているともいえる。

海と川とを行き来するイトウは、本当に美しい。タイメンなど他のイトウ属と見た目もずいぶん違うという。ウロコが小さく、黒い斑点が白銀色のボディーから浮き出ているような微妙なバランス。「フーコ・ペリー」という学名の名付けの元になったペリー提督がアメリカに模写図を持ち帰ると、当時の学界ではこれをアトランティック・サーモンの仲間、つまりサルモ属に分流したという逸話があるようだ。

近年のＤＮＡ解析では、イトウ属の中でかなり初期の段階から独自の進化をしているのが分かり、このイトウだけ1属にするという説も出てきているようだ。世界的に見ても、特別な魚である。美しい魚は見る人を幸せな気分にもさせる。

週末ともなれば、秋の猿払川下流部には大勢の釣り人が立ち並ぶが、ここでもあまり不快なシーンを見ることは少ない。人がたくさんいても不満を持つ人はあまりいないようで、声を掛けて空いているスペースに入る人も多い。北海道で混雑する釣り場はそう多くはないため、こうした光景は、他の釣り場に比べると新鮮に見える。マナーのよさは自然発生的に生まれた部分もあるが、一部の人々の啓蒙活動の影響も大きい。

その中の一人が、石狩川イトウの会の事務局長である大林照夫さんだった。２０１０年の撮影時ですでに60歳台後半に差し掛かっており、そのイトウ釣り歴はかなり長かった。ルアー時代から含めると30年以上、多い年だと年間で数十日を猿払川で過ごしてきた。モンゴルやサハリンにも何度も足を運び、イトウまみれの釣り人生である。

そして、ここ猿払川だけではなく、イトウの釣り方や扱い方についてずっと考え、指南してきた人でもある。美しいイトウは、ともすると釣り人の雑な扱いでいかようにも無残な姿にもなる。撮影期間にも理由は釈然としないが、死に絶えたかなり大型のイトウの姿を見ることがあり、多くのことを考えさせられた。

撮影者でもありディレクターでもある私にとっての懸念は、釣りのシーンだけを見た釣り人が釣り場に殺到し、結果的にイトウの生息が脅かされることだった。殺伐とした釣り場になることも不本意だ。価値観を持つよい釣り人が集まることや、それまでイトウに対して無頓着だった人の意識が変わることこそがこのＤＶＤの本分。そうした意味では、大林さんの出演はとても心強いもので、彼の出演がなければこのＤＶＤの製作は無意味なものとなったはずである。ただの釣り自慢や商品紹介の動画にしてはならなかったのだ。

小さな黒い斑点が白銀のボディーの中に無数に浮かぶ。
海と川とを行き来する秋のイトウは美しい

少ない確率をモノにする

イトウの釣りシーンをファインダー越しに見ていると、ヒットする瞬間を待ちわびる感覚は、実際に釣りをしているときのそれに近いものがある。大型三脚にカメラを載せて、リトリーブでせわしなく腕を動かす釣り人の手元を、真横からじっと撮影する。すると、いつかやって来るだろうアタリが、まるで今にも自分の手元にも伝わってきそうな気分になる。

猿払のフライでの釣りでは、15ft前後のダブルハンドロッドをオーバーヘッドキャストでフライを投じ、ラインを手繰るリトリーブで魚にフライを食わせる。ポイントにより飛距離は変わり、1セットの時間も異なるが、キャストを始めてからリトリーブが終わり次のターンに至るまでの1セットがおよそ2分前後。そうすると、休まずに続けて1時間で120回、朝から夕方まで休憩を入れて7時間くらい釣りを続けると、800回以上キャストをすることになる。多い日

名手のボックスにはトゲウオなどを模倣したフライが並ぶ。マラブー系のシンプルなフライで水中での動きがよいパターン

なら、1000回にもなる。強靭な精神と肉体でないと持たない。

リトリーブのスピードは比較的単調で速め、あまり緩急をつけたりせずとも捕食時のスイッチが入ったイトウは食いつく。重要なのは、基本的にイトウの目の前を通過させるということ。その確率は大変低いものだ。

ある年の大林さん。手繰るラインがときおりピンと張って、ゆっくりとロッドを立てる。だがほとんど曲がっていない。誰に言うともなく、

「イトウだよ、これ、小さいイトウ。いや……違うわ、ボラだわ、ボラ。なんだよコレ……」

ボラは、薄い濁りの中にはどれほどの数がいるのか見えないが、ときおりスレで掛かる。すぐに分かるので、がっかりな空気が周りに伝わるのだが、大林さんの言葉が面白くて、周りの人も思わず笑ってしまう。

大林さんの釣りはある意味でコミュニケーションの釣りでもあった。近くで誰かが釣れるとそれが知り合いでなくて

も、大きなネットを持って駆け寄る。特に下流部でもやや上流側になる通称「大曲」付近は、土手の上から釣ることになるため、大型ネットを持つ大林さんは忙しいのだ。とりわけ、大勢がサオをだしているのに釣れない日は、ひときわ大きな声で周りを盛り立てる。大林さんは江別市のカフェ「ビッグフォーレスト」のマスターで、毎回のように美味しいコーヒーを持ってきては、周りの人に振舞ってくれる。これがまた寒い季節に美味しいのだ。

丸一日大勢で釣りをしても、ボラのスレしかないということが何日もあったが、そうして努力と忍耐の果てに、ついに訪れるヒットの瞬間。まるで自分が釣ったかのような喜びになる。

撮影最終日、大勢の釣り人が全道各地から集まっていた。立ち並ぶ長いロッドの中で、その日の幸運はイトウフリークのYさんに訪れた。

釣っている本人しか分からない最初の手ごたえのあと、ロッドを立てた。私が確認できたのはその瞬間から。長いロッドが宙を舞うように上下に揺れるのは、イトウが頭を大きく振っている合図だ。

「きたぞ！　やった!!」

と私は声が出せないので、心の中で大きく叫ぶ。大林さんや周りの人も素直に、やったぁという眼差しで見ている。誰かがネットを取り出してサポートをする。

秋のイトウ、黒点が散りばめられた綺麗な顔をした80㎝超だった。忍耐の釣りと美しい魚のシーンを収録でき、これで編集作業に入れることになった。実に足かけ5年の歳月。前述のW氏は「お前が一番頑張った」と声をかけてくれ、裏方の苦労が報われる気分だった。

残念ながらDVD完成までには間に合わなかったが、大林さんとは翌シーズンに、写真ではあったが大林さんのヒットシーンも撮影することが出来た。ようやくカメラ前でのイトウだったが、夢のメーター級とはならず、少々不満そうな表情。

「まぁ、これもイトウだな……」

そんなつぶやき声。実はそのちょっと前に大林さんは一人で釣りをしていて、自分の身長と同じくらいの長さのイトウをヒットさせた。1人で岸際まで追い込んだが浅瀬でハリが外れ、飛びついて捕まえようとしたが逃げられたという。自分は泥まみれ、一生に何尾かという大ものを寸前のところで取り逃がし、しばし呆然としていたらしい。

長い間撮影をしていた私は、その姿が少しコミカルに想像できて、残念ですねと答えてはみたものの、こみ上げる笑いを抑えることが出来なかった。泥まみれで、空を仰ぐ姿、「チクショウ！」とか言っていたんだろうなと、目に浮かんでくる。

価値観と本能の狭間で我々釣り人は一喜一憂する。釣り人はたった一人で魚に対峙はしているが、実は有形無形で多くの人の影響を受けながら、夢を追っている。この撮影期間は、いろんな意味で、私にとってもかけがえのない体験と財産になった。

札幌市から通う大場道雄さんは猿払名人のお一人。周りが釣れない時でもコンスタントに釣果を上げる

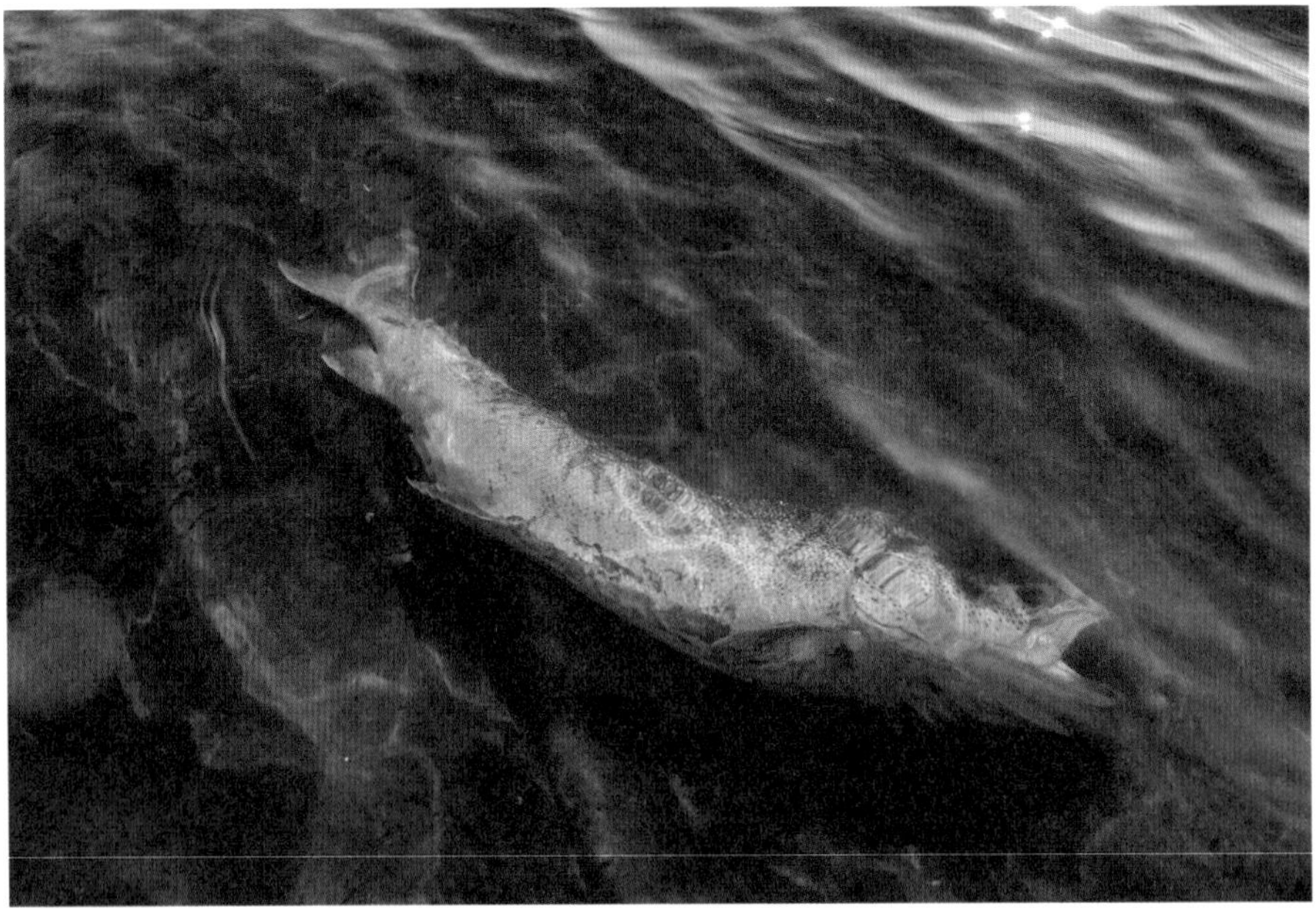

何が原因であるにせよ、釣り人がその理由の一端にいるという自覚は常に持っていたい。そんなことを考えさせる一コマ

「私の」イトウ戦記

立ちすくむ杭

道北の11月下旬、冬の始まり。雪で煙る川面に、杭のようにじっと立ち込み、黙々とスペイキャストを繰り返すオトコたちがいる。本流に棲むイトウ、それもとびきりの大ものをねらう釣り人たちだ。

本流のイトウは、簡単には釣れないといわれている。また寒くなるほど、大ものが活発になり、釣れる魚も美しいという。問題なのは、ねらう釣り人も少なく、他の釣りに比べて情報量が少ないことである。今から十数年前は、インターネットの検索サイトで「本流、イトウ」と打ち込んでも、出てくる情報はほとんどなかった。釣れる数が少なすぎて、まとまった情報を持っている人はほとんどいないか、あるいは蓄積された情報を持つ人でも、目立つことを嫌い表立って出てこないのかもしれない。つまるところ、ほぼ未知数の領域だったのである。

私がこの川のイトウ釣りに興味を抱くようになったのは、そのストイックな世界を垣間見たいというのが理由の一つだったが、この釣りを知るうちにやがて、本流のイトウ、それもとびきりの大ものを、川を引きずり回されるかもしれないほどの大ものを釣ってみたい、と思うようになった。『イトウ戦記』のプロデューサーW氏の言葉を借りると、「惚れたオンナ」に会いに行くオトコの世界。

正直いって、私のようにあの釣りもこの釣りも、北海道も海外も、と忙しく釣り回る男に簡単に釣れるオンナはないとずっと思ってきた。あの日が来るまでは……。

攻略法の整理

友人や川で出会った人たちからの伝聞によると、この釣りの全体像が見えてきた。それを箇条書きにすれば、釣りの形とねらいが見えてくるかと思ってやってみたところ、逆に収拾の付かないことになってしまった。念のため書き記してみると以下のとおり。

第一に、フライをスイングさせる釣りであり、

第二に、広い川幅50m以上で水量も多い流れであり、

第三に、ツーハンドロッド10番以上を使うのが主流であり、

第四に、ポイントは支流の合流点、湧水の豊富そうな個所、深瀬が1級のポイントであるらしく、

第五に、流れの緩い深瀬が中心だが、ガンガン瀬のような激しい流れも侮れないらしく、

第六に、イトウは大きな瀬を回遊してエ

北の大河、初冬の天塩川本流に挑む

サを捜していることが多いようであり、

第七に、水温0℃でも充分な活性があるらしく、

第八に、川底付近を探るのが基本だが、浮いていることもあるようで、

第九に、フライは絶対的なパターンはなく、小さくても大きくてもヒットするようで、

第十に、エサはウグイなどの小魚のほか、底性のエビやザリガニなど、さらにカラフトマスなども食ってしまうらしい……

こうして書きながら、当たり前のような、核心のない攻略法だなと思ってしまう。これも情報の少なさゆえ。2人いれば正反対のことをいう人もいて、それぞれが自分のやり方で結果を出しているものだから、どちらも正しいケースが存在する。また、人によっては70～80㎝サイズはカウントしない、釣れたうちに入れないという人もいるから、事の真偽がますます不明確になっていく。

実際には、1週間毎日のように釣りをしても、1尾も釣れない状況が続くのはごく普通だった。一方で一日に何尾も釣

下流部のポイントで杭になる。釣れない日々が続く。大ものが来る日はいつのことか……

れてしまうというのは、常識的に考えてごく希な奇跡のようなことであるが、そういうことも起こりうるのである。

全敗が当たり前

私の最初の釣行は11月も最終週、すでに積雪が始まっており、川のポイントへ入るにも雪をかき分けていかなければならなかった。釣行日数わずかに2日間で、下流寄りのポイントをいくつか回ってみたものの、技術的にも感覚的にも、ほとんどまったく何も得られることはなかった。魚は一体どこにいるのか、どこをねらえばいいのか、そもそも本当に魚はいるのか、果たしてタックルは合っているのか、まったく手ごたえがないままシーズンを終えた。

だが翌年の秋には、本腰を入れたくなるような話が飛び込んできた。それは例のW氏が、10月のある週に1人で川に入り、一日で7尾のイトウをフッキングしたというのである。それは広く数百mも続く長い瀬で続けざまにヒットし、まるで魚がいたるところにいるようだったというのである。ランディングできたイトウは4尾で60~80㎝前後、バラしたのはみな桁違いの引きで、おそらくメータークラスだったともいう。

一度にそれほど多くのイトウが掛かるという出来事は、誰にとっても衝撃的だったに違いない。その噂は瞬く間に本流イトウの釣りフリークたちに広まって、憶測がさらに憶測を呼び、さまざまな意見が交わされた。

「イトウはそんなに大釣れする魚なのか？　群れて行動しているのか？　オスメスの2尾がつがいでいるという噂は何だったのか？　それとも偶然その1ヵ所に集まっていたのか、だとしたらその理由は？　エサか？　それとも水温か？　いったいぜんたい、あの川のイトウはどんな生態をしているというのか……」

その年の晩秋から冬はいつもの年以上に有望なシーズンになるだろうとも思ったが、同時に私の疑問はさらに深まってもいた。実はその出来事の2週間ほど前に、動画撮影のロケハンでW氏と一緒に

ヒットフライは、ブルー・ゾンカー・キールタイプ。ロングシャンク4番、ダンベルアイ、UV ポーラーシェニールのゾンカーパターン。アイの重さが利いて、水の中では上下の動きが激しいタイプ

イトウの独特の引き、ゴンゴンと頭を振るアタリが手元に伝わってくる。暴れないように距離を保ってそっと岸に上がり、浅瀬へと誘導する

川で会った本流フリークの先人たちに意見を聞き、急きょ、タイイングを始める。ゾンカーを用いて水の中で動きのよい大型のフライを巻くことに

その場で釣りをしていた。成功した同じメソッド、フライでノーヒット・ノーバイト。いったい本流のイトウとは何を信じればいいのか、まったく理解できなくなっていた。

　翌年の私は少しダラけていた。他の仕事で忙しいこともあって、釣行が延び延びになり、11月の後半にようやく訪れたときには、かなりの寒さになっていて、川の中に立ち込むのが億劫になってしまっていたのだ。この年、知人が90㎝台というのを釣り、その写真を見ることで少し満足してしまったということもあるかもしれない。

　写真のイトウは太く逞《たくま》しかった。流れの強い本流を泳ぎまわり、厳しい季節を生き抜いてきた野生魚の風格。えらく感動もし、実感も湧いてきたのである。たしかに大ものイトウはいる。きっとチャンスもあると思えたのである。

タックル再考

タックルについては再考が必要になっ

た。当初私は14ft9番という、本流のアメマスやニジマスに対応できるスペイロッド、ミディアムベリーのスペイラインを使っていたが、天塩の本流イトウではこの代用では不十分で専用の道具立てが必要だったのである。

北海道はターゲットの多さやシーズンの長さからいえば、必要なタックルは多岐にわたる。だからできるだけ汎用性のあるもので、多くの釣りをカバーできるほうが何かと都合がいい。だが、本流イトウにふさわしい強力なものは、ほかではオーバータックルで流用が利かない。貧乏なくせにあれこれやりたがる私には、これは由々しき大問題だったのだ。

本流イトウの釣り人たちはスペイキャスターであり、タックルは市販されている最強のものを使用していた。18ftのトーナメントロッドを使っている人もいるくらいである。リールもたぶん最強のものを使っているだろう。それに無視できないのがラインシステムである。ロッドとラインのマッチングは自分で見つけ出さなければならず、多くの人が試行錯誤の上で最適のものを見つけていく。費用もかさむことだろう。

3年目に入る前、どうしようかと思案していたところ、16ft10番というロッドを本州の友人から借りる機会があった。これを試してみたところ、それまでの9番とは2番手くらい強力に感じられ、その丈夫さがえらく気に入ってしまった。それをそのまま使っていいという話だったが、万が一折ってもいいようにと譲ってもらうことにした。

それに合うラインシステムは予想外に簡単に解決した。それまで使っていた、スカジットライン660グレインを試しに投げしてみると、なんということもなくT14の20ftという重いシンクティップ付きが飛んでいった。720グレインでも大丈夫だろうと購入してみると、これがすこぶるいいのである。

リールはソルト用の大きなものを流用することにして、バッキングにPE30lbを150mほど巻いておき、ランニングラインは30lbのモノコア、スカジットラインは、シンクティップはT14の20ftを中心にした。

こうして4年目に入るころには自分なりに理想に近い本流イトウの攻略タックルができつつあった。

フライパターンはごくシンプルでよい、という大勢の意見に従い、イトウに実績のあるゾンカーのストリーマーを中心にした。水中での柔らかい動きと丈夫さに信頼を置き、カラーだけ濃淡でいくつか種類を用意する。

ついに、私にもその時が来た

その年は秋が芳しくないと聞いていた。夏から秋にかけて高温だったことと、水温が下がり始めた10月後半に何度か大雨が降り、本流が濁流になる日が続いていた。タイミングを見計らいながら私は準備だけはしており、現地の知人から、そろそろよさそうだと告げられると、いてもたってもいられず、川へと向かうことにした。

道北地方はすでに初雪が降り、路面は凍結している。吹雪模様の山間部の道を避け、やや遠回りになるが海岸沿いの国道をひたすら北へと目差した。今年こそは、いや、人の釣りあげた魚でもいい、一度でいいから本物の本流イトウ、それもとびきりのでかいヤツの姿を拝んでみたい。

6時間ほど掛かって川に到着すると、辺りは湿った重い雪。川の温度は4℃ほどまで下がっていた。低水温に強いイトウはこれくらいの水温ではびくともしないが、エサとなる他の小魚などは水温低下であまり身動きができなくなる。川底のくぼみなどでじっとしているウグイなどは、泳ぎのあまり得意ではないイトウにも、楽に捕食できるのではないか。

夕暮が迫っていたが、もっとも有望とされる支流と合流する瀬のポイントに入ってみる。小さなアメマスらしきアタリが数度あるだけで、肝心なのがドカンと来ない。むろん、この程度のことでめげる必要などない。

その日は町はずれの公園に車を停めて車中泊である。夜は冷えてマイナス5℃だった。夜中はやはり寒くて何度も目が覚めた。翌朝は風がなく、しんしんと小雪が降っていた。その日は対岸をやってみることにした。雪のおかげで、イトウは警戒が緩むかもしれない。

そのポイントは川幅にして60m、右岸に流れが寄りながらやがて左側に大きくカーブしている。上流側の深く緩い瀬、バンクの深瀬、次の荒瀬への流れ込みと、大きく分けると三つのセクションからなっている。どれも私の技量では川の半分までしか飛ばせそうもなかったが充分だろう。対岸側までキャストする人はほとんど釣果がないようだからだ。

入ったのは、最初のセクション、川下は深瀬が左岸側までかなり続いていて、そこが良好なポイントだったようである。もしかするとイトウの回遊ルートができていたのかもしれない。

ここでは流れが緩いため、簡単に底を取ることができた。根掛かりを回避するために、ロッドを立ててラインを少し空中に保持してテンションを与え、フライが水中をうまく漂うように演出したつもりだった。ティペットは長く、4号を2mほどにしていた。青いゾンカーはヒョロヒョロとテイルをなびかせて、イトウを誘っているはずである。

ラインが45度ほどの角度でスイング中、どのように流れているかイメージは出来ていて、しかも集中していた。だから、その瞬間が突然やって来ても、驚きはしなかった。ゴツンと来て、続けてゴンゴンと頭を振る独特のアタリ。この時点では大きさは分からなかったが、流れの中にいる魚は実際以上に重く感じるのである。重いイトウをどうやって流れから出せばいいのか。それよりも、フッキングはちゃんとしているのか?

バレてもしようがないと思いながら、大きくロッドを煽って二度アワセする。このあと、魚は緩い流れの中で大きく体をうねらせながら抵抗する。ロッドがグワングワンと揺れるが、何とか持ちこたえる。

流れの緩い深瀬でヒットした魚でもあり、逃げ場もなかったが、気を付けなければと思っていたのが、浅場で暴れてハリを外されることだ。リールを巻きなが

本物の北の野生、本流イトウ。流れのせいか、スマートな引き締まった美形

ら魚との距離を7〜8mに保ち、魚には近づかずに、自分が後ずさりをして岸に上がり、イトウを浅場へと誘導する作戦。大暴れすることなく浅瀬へと入ってきたイトウを難なくランディングに至ったわけである。

魚はとてもきれいだった。スマートな流線型であり、ほかで釣ったこれまでのイトウよりも整った姿をしていた。ランディング処女だろうか、口にも傷はなかった。長い年月をかけてようやく釣った「惚れたオンナ」であったが、鼻と下アゴが尖り気味。これはオスだ。オスに惚れるとは、魚とはいえ、何かむず痒《がゆ》いものがある。「惚れたオンナ」はもう封印したほうがよさそう。

測ってみると80cmに1cm足りないが充分な大きさだ。なによりも、自分のイメージがうまく形になったことが嬉しかった。

その晩は小さな町の飲み屋で祝杯を挙げたが、その翌日からはまた、釣れないアタリもない日々が続くことになる。それでもいつか、自分にも巨大なイトウが掛かるだろうと、信じていることが出来た、記念すべき1尾ではあった。

スマートな尾ビレは、このイトウはまだ若造の部類だと示しているのか？

解説・下りアメマスの釣り

初冬のアメマスはどこか？

晩秋から初冬の本流下流域では、産卵で上流や支流にいたアメマスが下流部へと降りてくる、いわゆる「下りアメマス」のシーズンである。この季節ならではの釣りが面白い。

冬場のアメマスを川でねらうにはどこへ向かえばよいか。端的にいうと、水量のある大きな川が無難である。小さな川だと、海からすぐ上流部に魚道のない堰堤などがある川が思いのほか多いのである。

親魚は一度の産卵では死なず、産卵後は下流や海で過ごすために川を降りてくる。主な産卵期は10月頃で、産卵を終えたアメマスは、群れで秋遅くから冬にかけて川の中流部から下流部へと移動する。これがターゲットだ。

冬のポイントを知る

下流部に降りてきたアメマスのポイントは、特徴として、とにかく広大で流れに変化が見えないこと。緩く単調な深場が連続するようなポイントだが、川底は思いのほか変化に富んでおり、それを把握して、魚の付き場が分かるまでは粘り強く通う必要もある。初めての釣り場、あるいはまだよく把握できていない場合は、広範囲を探る必要がある。多少のフライロストを覚悟で川底を一定のスピードで丹念に流し、凹みなどを探し出すといいだろう。

「下りアメマス」は、北の大地の冬を熱くする好敵手。尻別川で育ったオスの鼻曲がり

台風や豪雨によって被害の大きかった川ではそれ以前に比べるとかなり沈倒木が流出しているが、岸際を除いて、いまだに流されずにある場所は泥の堆積も多い傾向にある。アメマスの越冬場所は泥底ではなく、砂礫や小石底など湧水が出ている場所が多いので、泥の溜まったポイントはあまり意識しなくていいように思う。根掛かりが増えすぎると釣り人側の心が折れてしまう。

氷の花。氷雨が未明の冷え込みで凍ったもの

重要な地形は、大きく流れが蛇行している区間。流れが土手にぶつかったバンク際はとても深く、下流側は長い深瀬になっていることが多い。モンスタークラスのチャンスのある場所だ。

また、護岸工事でストレート化された区間でも、実は流れは右に左にと緩く蛇行しており、そうした場所では流心の深場よりも、カーブの内側の緩流帯などはよく群れがたまりやすいポイントだ。

共通していえるのは、ねらいはほぼ川底という点。そこの窪みや沈倒木などの下流にできた特に緩い箇所に入るのが特徴で、また、動きは緩慢であまり追い食いなどはしない。低活性下の釣りであるということは、常に頭に入れておきたい。すなわち、フライやルアーを確実に魚の口先へと届けてあげることが重要であり、そのために川底、特に流れの緩い凹みなどを探る必要があるということになる。だがときには例外的な、好条件の釣り日和がある。

天候によるチャンス

初冬は5℃前後から0℃くらいまでが釣りのできる現実的な水温なのだが、その水温に関してはやや面白い傾向がある。

いくら冷水に強いアメマスといえども、水温が低ければエサを取る時間は少なく、食べても消化に時間がかかるため、高活性になることは少ない。だが、やや暖かく上昇傾向にある日などは、川底から出てエサを追い掛けまわすときもある。そんな日に、魚のいるポイントにあたると、初冬とは思えないエキサイティングな釣りになることもある。

ある年の11月中旬、道央は尻別川でのことだ。この年は暖かい日が続いており、中流部から下流部に差し掛かる分流のエリアでは、遅くまで産卵が行なわれていたようだった。アメマスの産卵は10月頃で期間は短めといわれているが、当然のことながら地域差やずれ込みなどはあるだろう。積雪はなかった。

面白かったのはサケの産卵が多い年

で、このエリアでもかなりのサケの産卵が終盤を迎えていた。サケのペアが産卵をしている場所の下流側には、高確率でアメマスが陣取っている。そこは流れの速い瀬だったが、湧水が豊富なのか、急流の中にサケのペアがおり、その下流に姿こそ見えなかったが、アメマスがいそうな窪みのような深みがあった。

最初のフライはエッグサッキング・リーチを流すがヒットせず。次にそのフライの下に、トレーラー式でエッグを真似たビーズを20㎝ほど下に足してみる。するといとも簡単にアメマスが飛び出してきた。70㎝もあるかなりの大型。鼻曲がりのオスである。しかも立て続けに60㎝台が連続ヒットとなった。

晩秋から初冬のステージは、越冬前の荒食いの季節でもある。雪が降っていなければ、急激な水温の低下はないので、活性が高いことも多いのだ。

しかしそれが終わると、アメマスはさらに下流へと移動し、どこかの深瀬などでそのまま越冬するものと、海へ降りて冬を過ごすものとに分かれるようだ。前述のポイントは、2週間後にボートで下ってみたが、アメマスはすべてかなり下流へ移動したのか、それとも海へと降りてしまったのか、もぬけの殻になっていた。

タックルは、投じるフライのアベレージで選択する必要がある。前提として、大きめのストリーマーを使い、これをよく沈めるために、ラインを選択する。現代版のラインであれば使いやすくなっているはずだが、より重たいフライやティップを投げるのであればスカジット系のライン、中型以下のフライで他でも使える汎用性を考えるとスカンジナビアン系ラインを使うのがよいだろう。私は釣り人ズレした大ものアメマスをねらうので、フライは中小型が多いため、スカンジ系ラインを使う。フルシンクのシューティングヘッドは、より深みを探るのに適しているだろう。

ロッド選びの目安としては13ft前後の7～8番ダブルハンドロッドが最適。キャストはフライさえポイントに届けられればなんでもよいと思うが、私はタッチアンドゴーの簡単なスペイキャストがボイルなどにも素早く対応でき、トラブル防止にも役立つため好んで利用している。

気象とエリア別の傾向

下流域は真冬に結氷してしまう場所でもある。結氷は早い地域でも1月の初旬からで、遅い地域もしくは暖冬の年は2月になってから。あるいは結氷しない年もある。それまでは低活性ではあるが、上手くはまると充分にスイングやリトリーブの釣りの対象になる。

氷が張ると、その下の魚は移動する傾向があるので、活性の有無の前に釣りそのものができなくなる。本当に厳しい期間は1初旬から2月いっぱい。3月に入るとまた春のステージが始まる。

これを今度は地域別にみると、結氷期間が長いのは道北やオホーツク地方など。近年はオホーツク海側にアメマスの資源が移ったかのように、大型魚の報告が増えているが、11～12月は降雪が始ま

12 月中旬の十勝川。雪はないが夜の気温はマイナス 13℃。キンキンに冷えた夜を川辺で過ごす

土手の小さなワンドのスペースを利用してキャスト。岸際は泥の堆積でぬかるむが、砂利や砂礫で湧水の出る川床に、アメマスは潜んでいるようだ

数が極端に減った十勝川だが、突然 70cm前後という大ものが釣れるときがある

スカジット系ラインの先端に使うシンクティップ。増えてくると、入れた袋を間違えたりして混乱の極みに達するため、ときおり計測して正確な重さを把握しておく

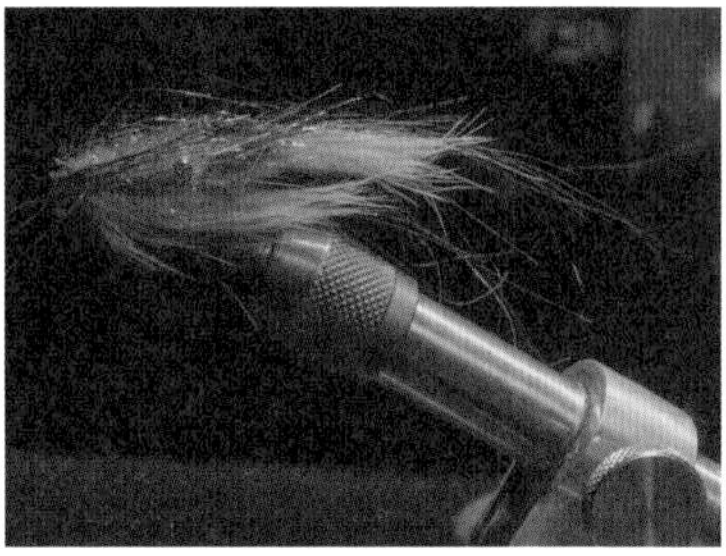

初冬の夜長に、キャンプタイイング。ゾンカーを釣ったシュリンプ系でもあり、フレッシュ（魚肉）でもあるストリーマーを巻く

寒い季節の一番のつらさは足先の冷え。厚手のウールソックス２枚の間に、小型の携帯カイロを挟むことで連続数時間のウエーディングが可能になる

晩秋の川を下りながら、瀬にとどまっているアメマスをさぐる。ガツガツ釣り歩くよりものんびりと優雅な小春日和を楽しむ

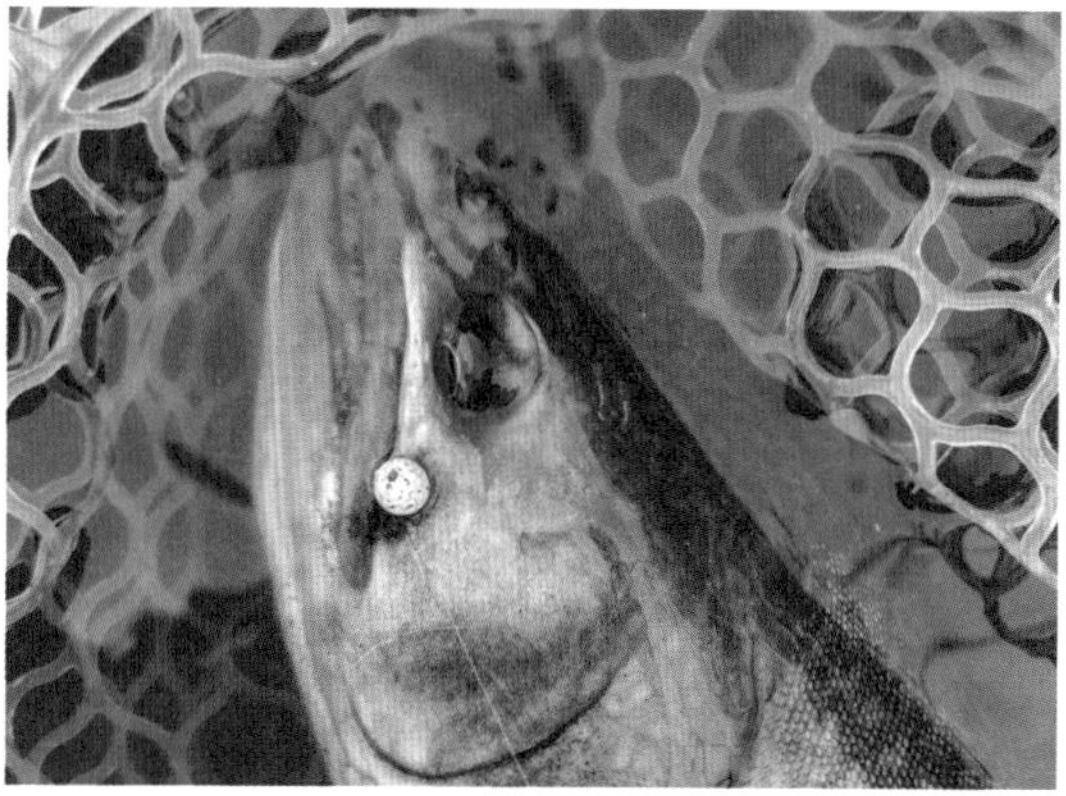

水温が0℃に近くても、70㎝を超える大ものクラスがヒットするのが「下りアメマス」の魅力だ

るまでが勝負。いったん降り始めると川へのアクセスが極端に悪くなるからだ。氷が解けてなくなる3月頃からまた釣果に恵まれるようだ。道東でも太平洋側は、初冬でも風は強くなるが降雪は遅い。十勝川などは1月頃まで雪が積もらないことも多々あり、比較的遅くまでアメマスの釣りが出来る傾向にある。

雪が多いとされる日本海側の河川は、やはり冬の訪れは早い。アメマスが安定して多い地域だが、冬の海の気温が高いため、多くは海へと降りて越冬するようだ。川では結氷する期間が比較的短く、冬から春の間に川へと上ってきたノボリが期待できる。渡島半島から胆振・日高地方の太平洋側はやはり温暖で流れもあるのだが、あまりアメマス資源は豊富ではない。それでも、小規模ながら海と川とを往来する遡上アメマスがいるようだ。雪が少ないので、そうした群れを探しながら季節外れに川歩きができるのも特徴だ。

春

SPRING

春のハイブリッド・キャンプ

ウォルトンとアメマス放浪

例年3月も中旬に入ると、川の河口近くでは本格的な雪代が入る前の、アメマスの釣りが面白い。シーズン初期の無垢でスレていないアメマスが、水面でボコボコとやったりするものだから、日帰りの釣りなんて馬鹿らしくなってしまう。というわけで、私はガイドの忙しくないこの時期は車に一通りの車中キャンプ装備を積んで、アメマスのいそうな川へと旅に出る。アメマスは例年どおりいる川もあればいない川もある。だから川を転々と、何日も回り続けることのほうが多い。移動が続くときは楽な車中泊を、よい場所が定まったならテントを張って2、3日過ごすことも多い。

車中泊では後部座席の片側から荷台にかけてをフラットにし、就寝出来るような仮設ベッドとする。もう片側の後部座席は小さなコンロでお湯を沸かすなど簡易的なキッチンにする。以前はRV車でありながら8ナンバーのキャンピング仕様車に乗っていたので、その装備を今の車に移設してある。とはいっても、狭い空間で火の取り扱いは注意が必要なので、調理などはできないしせいぜいお湯を沸かす程度だ。

ベニヤ板でキッチン兼タイイングデスクにもなっているので、釣りで必要になったフライもすぐ巻けるようにしておく。実際にここで生まれたフライで何本もの大ものアメマスを釣ってきた。あまり野放図に車中泊を繰り返すと、楽すぎてもう普通の生活には戻れなくなるようなスタイルだ。

ときには少し健全になろうと、キャンプ道具を引っ張り出すわけである。とはいえ、固定のテントを持ち出す場合よりも、車のサイドオーニングに装着できる箱型テントといういで立ち。いわばハイブリッド・キャンプというわけだ。

寒い季節なので、ストーブ、コンロ、分厚いシュラフ、テントの中にさらに小型をテントを入れたり、とにかく装備が膨らんでしまうのが難点。ないと困るので薪をルーフキャリアに積んでおくがこれもかなりの重量である。川や海岸で拾うこともあるが、大抵は湿気っているし、潮を含んだ薪はあまり使いすぎるとストーブを錆びさせてダメにしてしまう。フル装備のキャンプは、少し気合を入れて長居をするときだ。

フラリと初めての川を渡り歩いていて、思わぬ好状況に出くわしたら、何日も近くの河原や海岸に滞在するという算段。自由なノマド、放浪の釣りを支える釣りキャンプ旅だ。注意しなければならないのは、野営地は他の釣り人や住人に迷惑の掛からぬようにすることが大事だ。そうした自由を求める釣り人は、世間にとってはあまり歓迎されるべき人間ではないかもしれないからだ。住宅から離れた人目に付かない自由使用の海浜などがベストだろう。

ところで、車中泊にしてもテント泊にしても、まだ夜は長い季節なので、狭い車の中でさえ次の日に使うフライを巻いたり、家ではほとんどの読むことのない本を読んだりして過ごす。気に入ると何度でも読みたくなるたちなので、ずっと車に積んである本もある。そんな一冊に、英国人アイザック・ウォルトンの『釣魚大全』(立松和平訳)があるのだが、これが面白い。いわば釣り文学とジャンルされるような、一見堅そうなものだが、ユーモアがあって、フライフィッシャーなら読んで損はない本だ。

中にはときどきドキッとするような、嘘か本当かよく分からないことが書かれていて、たとえばこんな記述がある。

マスはある時期で成長が止まると、少しずつ体が小さくなり、頭だけはそのまま死ぬまで元の大きさを保つ、という内容。いったい何のことかなと思うが、続いてこう書かれている。

「冬のマスは頭だけが大きく、痩せ細っているが、やがて春になって元気を取り戻したマスは、背中が丸みを帯びて頭が小さく見えるようになる……」

昔の英国でマスといえばブラウントラウトを差しているはずだが、なるほどと感じ入ってしまうのは、時も場所も隔てた現代のこの北海道でも、確かに似たような魚を目にするからだ。何のことはない、川で冬を越したアメマスのことだ。

川だけで群れてヒョロヒョロになった個体は、しかし頭だけは痩せることはなく、「頭でっかち」のものがいる。そんなトラウトたちの姿は、350年前のウォルトンが見たものと、現代も同じなのだろう。

確かに、川で越冬した春のアメマスたちは、頭が大きくて体は痩せ細っているものが多いが、これは川だけで越冬したタイプだ。北海道の自然は、こうしたアメマスのほかにも冬の間も川と海とを行き来するタイプの魚も育む懐の深さがある。川の氷が割れて水面が顔を出せば、そうした川ではさっそく釣りができるようになり、痩せたアメマスとは別に、コンディションのよい個体が入り混じる。ウォルトンがいう、やがて春になって「頭が小さく見えるようになった」トラウトは、北海道のもう一方のアメマスの姿といえる。

私のいわばライフワークとなった春のアメマス探しの釣り旅キャンプ。車のサイドオーニングに取り付けたテントには薪ストーブを設置して、夜は窓から眺める炎を眺めながら、『釣魚大全』を開き、「ウンウン、そうだろうな……」などと、一人納得してみるのである。

ただただ川を覗き込む日々

アメマスの、特に春先の生態は、のらりくらりと海と川とを行き来するところがある。冬にはいなかったが春になると

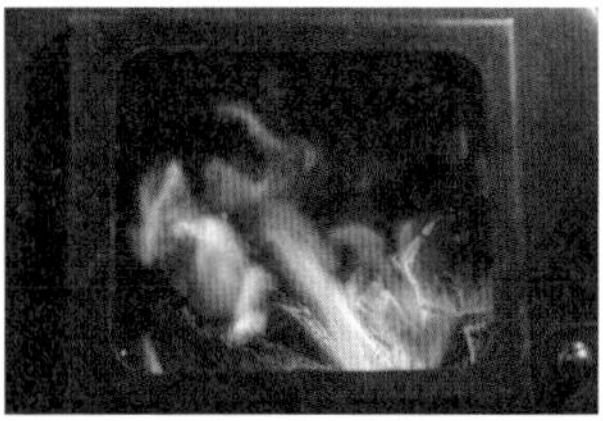

窓からユラユラと見える炎。マニアにいわせると、それだけで酒が進むというもの。不思議な癒しの効能があるのだ

アイザック・ウォルトンの『釣魚大全』。デジタルなガジェットを離れて、活字をキャンプで読むのも贅沢な時間の使い方だ

こんなキャンプでは大食いする必要もないので、少々高価なサラミなどをつまみながら夜を過ごすのがいい

海岸に近い川辺は下草が枯れて雪に押しつぶされたままのキャンプ適地が多い。近隣の住宅など周囲への配慮は忘れずに、静かにごく短期間だけキャンプを楽しむ

就寝時にはさらに折り畳みのコットテントと呼ばれるジャンルのテントを張る。さほど快適ではないのだが、ストーブの火がなくなった明け方は中と外の温度差を感じるほど違いがある

テントはあまり面白味のない真四角形だが、その反面中を広く使える。大型の薪ストーブを入れても充分に快適な空間

昨夕に反応のよかったウェットフライを巻く。車中泊にも、台所兼ダイニング兼タイイングデスクは必要だ

現われる川もあるし、またその逆もある。3月にはたくさんいていなくなると、もう海へ行きっぱなし、ということもなく、また戻ってきては5月くらいまで断続的に釣れる川もある。同じような状況は北海道の至る所で起こりうるし、ちょっと絞りにくいのだ。

だから、そんな彼らを捜し出すコツは、ただただ川を回って覗き見ることである。

私の場合、河口部に一番近い道を走り、車で川を跨《また》ぐたびに脇に停めて、橋の真下の欄干、その前後にある一番大きなプールに足を運び、川の中に魚影を捜す。いないことが大半だ。だから時間と労力だけは途方もなくかかる。一日、ただ車で走り回り、雪を漕いでいるだけ、という日も珍しくはないのだが、

「先月はいなかったが今月はいるかもしれない……」

そんな考えが頭から離れないので、どんなに雪が深かろうと、毎年のように通う川が何本もある。

これまでも膨大な時間をつぎ込んできたが、代わりにお金儲けの算段でもしていたら、豪華なキャンピングカーで、釣り場はガイドに頼んで、悠々自適な釣り生活が送れたのではないか？　などという不届きなことは、微塵《みじん》も考えたことはない。

そうした苦労の結果、アメマスの群れを見つけることもまた、たまにあるのだ。砂漠でオアシス、あるいは砂浜で10円玉を見つけたような気分なのである。いや、500円玉くらいの価値か。ちょっとは価値もあるだろうということ。

怪しい場所というのがある。河口から最初の深みである深瀬、さらにその上流の一つ、二つめだ。群れが身を隠せる深みや障害物があれば最高だ。これまでの経験上、いるとすれば、この辺りにいる可能性は80％を超える。

時間の少ない一般の方々は、少しでもテンポよく捜すために、最初の深瀬だけを見て回るようにするとよいと思う。これだけでも10本回って、1〜2本は見つかるかもしれない。

一度見つけたらそこは毎年通うこと。群れがいるのは数年に一度だけかもしれないし、10年に一度かもしれないが、もしそうなら、それも10年通わなければ分からない。そうした体験で得た生の情報は何よりも価値がある。発見者だけが知っている真実。ちょっとプロっぽい響き。SNSに投稿された、たまたま釣っちゃった80㎝を自慢するよりも、ずっと価値があるというものだろう。たぶん。

「理解できない……」とお思いの方も多いだろうが、新規で野生魚を探す苦労は、見つけたときに喜びが倍増する。我々釣り人の心はそのようにできているからだ。

フキノトウとフクジュソウ。どちらも春を告げる息吹。ちなみに両方ともアク抜きをして食べられる

3月中旬、氷点下8℃ほどに下がった車中泊の朝日を浴びる

こんなに凍る？　というほどの氷の結晶。ちなみにドロッパーを付けたサケ稚魚風ストリーマー（……には、とても見えない）

早春のアウトリガー

中小河川のアメマスを捜す

大川の本流でも中小河川でも、共通しているのは「独立河川」であるというところ。海などのエサの豊富な水域とつながっていることが前提条件で、そこを自由に行き来できるということは、長い寿命を持つアメマスにとって必要不可欠だ。長い寿命、つまり大型に育つということでもある。野生アメマス釣りの最大の魅力は、つまりこの2点。釣り場が自然状態であるということと、巨大に育った野生魚であるということだ。

　釣り場探索のヒントは、上流部で幼魚でもあるエゾイワナが生息していることが分かっていれば、その仲間が降海してアメマスとなって遡上すると考えられる。また、越冬アメマスは流れが緩い深場を好むため、淵や深瀬がなければならない。つまり小河川とはいえ、チャラ瀬だけの川は向いていない。そうした川でもわずかでも深場があり、伏流水などが湧いていれば絶好の住処、ポイントになる。

　エリア的には、寒さが厳しく海の水温が低い地域ほど、川で越冬するアメマスが多い傾向だが、流れの緩い川では広く厚く氷が張ってしまうので、釣りそのものができない。要約すると、氷の張っていない淵や深瀬が河口近くにある河川ということになろう。

　私はそうして数々の道内河川を回って来た。実際のところ、フライフィッシングしかしない私は、冬場の運動不足解消に加えて、何よりもじっとしていられない性分なので、南半球の海外釣行のないときは、車中泊をしながら道内河川をあちこち覗いて回った。20年以上になるだろうか。

　その結果、初春のアメマス河川については大別して2通りがあることが分かった。簡単にいうと、大河川と中小河川。「なんだそんなことか」と思われるかもしれないが、釣り方が大きく変わる、そのためのステージ分けでもある。

　大河川の主な釣り場になる下流域は凍結期間が長いので、釣り始めは少し遅くなるのも大きな違いだ。中小河川は、実際にはほとんどが中規模河川、二級河川クラスなのだが、雪解け前のシーズンは冬枯れで水量が少なく、水量も小河川のように見える。ここではシーズン初期、雪が少なければ1月でも釣りが可能な中小河川の釣りについて紹介しておく。

　まず、こうした釣り場では、サイトフィッシングをしたほうがよい。という

青く澄んだ淵の底に群れるアメマスたち。冬明けの小河川に見る初春の光景

のも、冬の中小河川は澄んでいて川底までよく見え、さらに効率よく釣り場を捜すためには、目ぼしいポイントを重点的に回らなければ、実質的には釣りが成立しないからだ。魚の様子が見られるサイトフィッシングは、真冬の厳しい環境でも飽きずに釣りができる最大の恩恵でもある。

だがそこに至るまでには実際に、あちこちに足を運んで捜す労力が必要だ。エリアを決めたらしらみつぶしに川を歩き、転々として、前述したポイントを訪れてみる。怪しい場所はしつこく何度も訪れることも肝心だ。なおこのアメマスたちはほんどんが、冬の間中、川で過ごす「越冬アメマス」で、年によって状況が大きく異なる。拙著『北海道の鱒釣り』に生態的な詳細を記したが、執筆当時（２０００年代前半）に足繁く通っていた道東は太平洋沿岸の河川を舞台にしているが、当時とは状況が大きく変わった。今回は、道南地方の河川での出来事を紹介しておこう。

アメマスが越冬するポイント捜し。深く緩い流れに倒壊した護岸ブロックなどが絡むところは格好の越冬場所だ

探索釣行の実際

その川は道南太平洋岸の噴火湾にあった。夏場でも小魚しかいないような、釣り人にも相手にされない二級河川。12月の中旬に訪れたときは、下流部の目ぼしいポイントにはアメマスは見えなかったが、2月に訪れた際にはアメマスの群れを目撃した。道からそう遠くないポイントに深い淵があり、濁りのない透明度、青々とした澄んだ流れの底を凝視したところ、ゆらゆらと揺らめき、やがてこちらに気が付いて逃げ惑うアメマスの群れがあった。

「ようやく見つけた……！」

その姿を見ただけでも大成功を収めたような気分になった。水深は２ｍ近くもありそうで、澄んでいても川底は薄暗い。最初は魚に気付かずに身体を乗り出してみて、逃げ惑う魚の影で分かったという次第である。だが、これでいい。

このときは20尾近い結構な数の群れがおり、さっそく支度してサオをだしたと

水深は２ｍ近くもある深場にアメマスの群れを発見。長いシングルハンドロッドと重いスプリットショットを付けた、アウトリガーで攻略

シュリンプ風のニンフで釣った越冬アメマス。50cm 級で実に痩せている

ころ、45〜55㎝前後が数尾、最大のは60㎝近いものまで釣れた。バレた数も含めると、群れていた数の半分ほどは何らかの反応があったと思う。おそらく釣り人にねらわれたことなどない魚たちなのだろう。こうしたときは簡単な釣りになる。だが河川規模も考えて、釣り方はほぼ一択だ。

川幅は５ｍ、深場以外は簡単に渡れる水深、こうした釣り場で、しかも確実にいきたいときは、シングルハンドロッドのアウトリガーだ。エサ釣りでいうミャク釣りのスタイルである。フライは小型のニンフやスカッドなどを使用するが、確実性を優先させる時はニンフの代わりにサーモンエッグのイミテーションである「ビーズ」で対応する。

これは簡単にいうと、フライの代わりにビーズ玉を使う。アラスカに長期滞在しているときに覚えたメソッド。サーモンもドリーバーデンも実によく釣れる。

プラスチック製のビーズ玉をティペットに通し、先端に素のフックを結ぶ。ピッタリと付けずに３㎝ほど離すほうがフッキングがよい。重いスプリットショットをビーズ玉の上部に付けて、これを目安にして魚のいる川底付近を流す。重いショットを川底にコロコロと少し浮かすように流し、その後方をフワフワと流れるビーズ。まるで本物が流れるようにイメージする。ビーズを飲み込むと、フックは口縁部に掛かるというのが最大のメリットだ。

エッグを真似たビーズを使ったアウトリガースタイルは、川底に張り付いたアメマスに絶大な効果を発揮する。ハリが飲み込まれないのもいい

動きの鈍い冬のアメマスには割と近づけるが、アプローチは視界の外から、つまり斜め後方からというのは夏場のアウトリガーと同じだ。

深瀬、プールの後方から流して探っていくが、近づきすぎて魚が逃げ回っていても、しばらくその場でじっとしていると戻ってきてやがて警戒心が緩む。倒木の如く無生物に成り切るのが肝心だ。

ロッドは長めの9～10ftで、ロールキャストを多用する。重いリグを投げるロールキャストは少し難しいが、ラインの扱いを覚える練習だ。ラインは先端が太めのライン、ロッドの指定番手より高番手のWF、ニンフテーパーとうたわれているものも使いやすい。

ロッドを高めに保持して、ラインはあまり着水させる必要はない。長いロッドのアドバンテージを使って、なるべく身体を動かさずに釣り続けることを考えるとよい。

あまり身体を動かさないということもあるが、冷たいに水に浸かると芯まで冷える。厚手の防寒具で身を守ることはもちろんだが、早めに川を上がって近場の温泉に入るのが、身体には一番嬉しいご褒美《ほうび》になるだろう。

遡上アメマスをドライフライで釣る

渓流魚のような遡上アメマス

2000年代後半の3月初旬のことだ。アメマスの越冬シーンの動画撮影のため、道東太平洋岸の茶路川を目差した。雪はまだ深いため、川沿いの土手に車を入れることはできない。重い機材と釣り道具を背負い、スノーシューを履いてエッチラオッチラと雪原を歩く。

日帰りで戻るつもりが、その日から連日車中泊になってしまったのは、思いがけない光景を目にしてしまったからだ。

そのプールは幅が7〜8m、長さは40mほどもあるだろうか。右手のバンクに流れは片寄り、護岸が崩れていて急深で、さらに柳が倒れて川面を覆っていた。越冬アメマスには格好の住処だ。

私は土手の上に上がり、流れの中を覗き込んだ。予想どおり、大型の越冬アメマスが群れて泳いでいる。すぐに三脚を立て、カメラに600㎜相当の望遠レンズを装着して、その様子の撮影を開始した。時計の針はちょうど12時。日差しは強く、偏光フィルターなしでも水中はよく見えた。

前の年もその前に来た時も、群れは同じように川底付近にじっとしており、何も興奮するようなことはなかったが、今回は状況がまったく違った。魚たちは以前よりも水面に近く、左右前後に小刻みに動き回り、明らかに何かを捕食している。よく見ると、群れのうちのやや小ぶりの何尾かはライズをして、水面を流れる小さな何かを食べている。小さいといってもどれも40㎝は下らない中型魚。他の個体がでかすぎるのだ。群れの中核は60〜70㎝級なのである。

それにしても、彼らはまるで渓流魚のようにライズをしているのである。海では海中のエサばかりを食べているはずのアメマス、しかも大型に成長したヤツらが、川面を流れる小さな水生昆虫に夢中とは……！

それはまるでニュージーランドの巨大なブラウントラウトのようなシーンでもあり、もちろん、小さなフライで食わせることが可能だという意味でもある。なぜそんなことが？ という疑問はさておき、まずはじっくり観察する。

ライズは水面がほぼフラットな流れの緩い場所で起きており、水面上のエサが筋になって流れているわけではなく、幅数メートルに渡って広範囲に流れていた。だから魚たちも並行して泳いでいたのだが、思ったよりもずっと手前の浅瀬にまでいた。しかしそれは流心の好ポイントから弾き出された小さい40㎝級。も

日が暮れると外の気温は氷点下。３月の道東はまだ寒く、車中泊のキャンプで夜を明かす

狭い車内で明日使うフライをタイイングする。車内は寝室兼、キッチン兼ダイニング、ときどきタイイングルーム

ちろん本命は奥の大もののいた辺りで起きているライズである。

　こんな釣りをするつもりではなかったが、車には数本のツーハンドロッドの中に1本だけ5番のシングルハンドロッドがあった。数年前の初冬の本流で、コカゲロウのライズの嵐にあってから常備するようになったサオ。こんな場面で使うことになるとはラッキーである。しかしフライボックスは該当する小型のものがなく、ニンフボックスに偶然入っていた18番のエルクヘア・カディスを結ぶ。

　小さい連中は、警戒心は薄いと思っていたのに、頭上近くにラインが落ちると、やはり気になるものらしい。二度ラインを落とすと、手前の小さい連中ばかりではなく、奥の大きな連中まで沈黙してしまったのである。手前の逃げた中型魚たちが、奥の大ものたちに教えてしまったのか。余計なことをしてくれる。

　少々アプローチが雑だったことを反省して、今度はやや下流側にポジションを変え、アップクロスでねらうことにした。10分も待つと、ライズはふたたび開始されたが、警戒気味なせいか、奥の倒木辺りの、枝木が覆い被さる、フライを流せない場所でしかライズしない。結局、50㎝四方のスポットにフライを入れようとトライし、しかしあえなく枝に絡まり、大切な唯一の1本をなくしてしまった。万事休す。

ライズの真相

　何を食べているのか？　雪の上を這いずり回る無数のクロカワゲラは、捕食対象の最有力候補だ。この初春の季節にしか見られない水生昆虫でもある。

　頭から尻尾の先まで黒く羽も黒い。だが、目を皿のようにして注意深く水面を眺めてみると、知らなかったことが二つ分かった。ひとつは水面から飛び出している羽が黒ではなく、淡いグレーに見えること。これは本物を捕まえて、よく見ると黒が透けてグレーに見え、さらに水面上では光を帯びてさらに淡く見える。それで白っぽいダウンウイングのカディスパターンでも応用は利いたのだろう。

冬を川で越した海遡上のアメマスが、流れる水面の虫にライズするという驚きのシーン

川辺の雪上を無数のカワゲラが歩く。歩いて産卵場へ向かうという生態だ

昨夜作った18番のエルクヘア・カディス。白いダウンウイングがよいのか、色とシルエットが細身であれば、ある程度は機能してくれた

これはクロカワゲラ風のブラック・パラシュート16番でヒット。ボディーは水を染み込ませて水面下に沈むようにセット。本物のクロカワゲラがするように水面を動かす=ドラッグを掛けてドリフトさせても効果的

二度三度と訪れるようになると余裕が出てきて、川辺でコーヒーを飲みながらライズ待ちだ

今晩巻いておこう。

もう一つは、水面上をうねうねと蠢めいている個体がいたことだった。そのときは風に吹かれたアダルトがもがいているのかと思ったが、実際にはニンフが泳いでいたのである。後日調べてみて知ったことだ。

幼虫のクロカワゲラは、羽化に関係なく水面下を泳ぐようだ。ライズしていると思っていた50㎝超のアメマスからは、ニンフばかりが出てきて「あれ?」と思っていたが、ニンフが水面直下あるいは水面を泳いでいるとしたら、ライズをしていてもおかしくはなかったというわけである。

それと同時に、他のアメマスの胃からはユスリカのラーバが見つかった。格段にセレクティブというわけではなく、流れて来るものを食べるものもいれば、川底で捕食しているものもいるようだ。

連泊してライズ攻略である。週末になるとちょっとばかり釣り人はいたが、今年は雪が多く残っており、土手には車が入れない。車止から少し歩くと、ほとんど人が入った形跡はなく、じっくりとライズ待ちが出来た。

アメマスがいるポイントは何ヵ所もあったが、いる場所には隠れ蓑になる沈んだ倒木が必ずあり、かなり難易度の高いポイントにフライを落とす必要がある。しかも風があれば至難の業。大抵の場合、フライを巻きつけてしまう。

うまく風の合間のタイミングを見計らって投げたフライが捕食のレーンに乗ると……。静かにフライを吸い込むアメマスがいる。ゆっくり食べるので、アワセもゆっくり。グイッとサオをあおると、60㎝級のアメマスは細長い魚体をウネウネとよじって、独特のファイトをする。しばし抵抗するが遠くへ走って行ったりはしない。だがこの釣りはファイトの凄さを期待する釣りではないのだ。この寒空の下で、フラットな流れにライズする大型のネイティブトラウトがいる。それに挑戦できるだけで大きな価値がある。いつでも起きる現象ではないのだから、その短い時間を大いに楽しむのだ。

ライズのタイミングを待つ。闇雲に投げるのは大型魚を警戒させるだけなのだ

ドライフライで釣った 60cm オーバーのネイティブトラウト。世界に誇れる釣りになると思う（その釣りが見つかればだが……）

春、「旅するマス」への旅

道南後志利別川のノボリ

日本海に面した道南、道央道地方は、海と川とを行き来する「アメマス河川」が大小さまざまに存在するエリアだ。冬でも温暖な海水温と豊富なエサのおかげで、海で越冬し、急速に成長する大型アメマスのメッカでもある。

今金町とせたな町を流れる後志利別川は、上流、支流域に多くの河川残留型のエゾイワナが生息し、中流下流域には降海したアメマスがいる。豊富な水量もあって、このエリアでは最も有望なアメマス河川である。

3月から自然産卵によるサケ稚魚が徐々に河床から浮上し、河岸の障害物周辺でスクーリングをする季節。これを襲うアメマスが岸近くでボイルを見せる季節でもある。20年以上も毎年訪れる川、ツーハンドのフライフィッシング適地でもあり、多くのことをこの川で学んできた。ここでは少しテクニカルな話をしておきたい。

その年の3月下旬のある日、最初は定番のごとく、サケ稚魚を模倣したストリーマー（全長4～5㎝程度のゾンカータイプ）で、14ftのシンクティップにティペットを2m足し、特別なことをせずに流れをスイングさせていた。ロッドはメーカーから借りた11・6ft6番のスイッチ・ロッド。あまり重いティップへとは変えられないが、活性の上がったアメマスなら重いシンクティップを投げる必要はない。

岸近くに立ち込み、斜め60度に向かって10～20m、さほどラインは出さずにキャスト。ラインが伸びきり下流に向かって30度くらいの位置からヒットするイメージだ。フライは生命感を持ってよく動き、泳いでくれないとアメマスはくわえてくれない。

ボイルはかなり散発的で、これは移動を繰り返しているのか、それとも川底から希に水面に出てきているのかどちらかだ。まだ水温は低く、川で越冬した痩せたタイプのいわゆる「下りアメマス」なら、流れを避けて河床にいる。あまり遊泳力が回復していないからだ。そこでティップを6・1インチ／秒という重いものにしてみる。だが同じく反応はない。ここぞというポイントだし、周りにはほかに釣り人がいないので何度も同じ場所で粘ってみることにする。

正午頃からやや風が吹き始めるようになり、少し状況が変わってきた。散発的だったがボイルが、断続的に始まったのだ。波紋と余波の大きさからいって、なかな

流れの遅い本流の下流域。遡上アメマスはスイングのみならず、状況に合わせてリトリーブを織り交ぜると釣果が変わることがある

かの良型揃い。俄然やる気が出てくる。

しかしこのボイルの主たちは、なかなか手強い相手だった。ボイルを直撃すべくねらってフライを落とすが、一向にヒットしない。フライの動きを変え、フライを替え、深さを変え、といろいろ試してみたが状況は変わらず。こうなるとフライを疑う必要が出てくる。

実はサケ稚魚は、近くの孵化場で人工ふ化されたものが春に何度かに分けて大量に放流される。他の魚や鳥に食べられないように出来るだけ大型に育て（といっても4〜5㎝）放流し、すぐに海へと下っていくような状態にしてあるようだ。それとは別に、川で産卵した親魚から生まれた、いわば自然産卵のサケ稚魚は生まれた時期によって大きくサイズが違う。2㎝程度の小型のものもいれば、5㎝近くになったものもいるだろう。人工ふ化放流のサイズが、大きく育てば他の魚に食べられにくいという科学に基づくことなら、小さいサイズのサケ稚魚ほどアメマスにとっても襲いやすいのかもしれない。ということで、サイズを小さくしてみる。手元にあったのは小型の黒いウーリーマラブー。ボディーにハックルがないぶん、水に入れると細身で稚魚のようにも見えるだろう。これでいくことにする。

リトリーブ戦略

基本的に、アメマスに効くのはやはりリトリーブである。それも短く緩めのものが効果的だ。スイングするフライにわずかな動きを加えるようなものでよく、それは三つの効果がある。

一つめはフライに動きを与えることだ。フライは動きのよいストリーマーなら色を問わず効くが、スレてくると小型にしか反応しなくなる。これは止水の釣り一般にいえることでもあろう。

二つめの効果は、イトフケをとること。一般的なラインシステムは、シューティングヘッド（先端がタイプ3～4のシンクレート）。私はこれに1mほどさらに重めのシンキングリーダーを付けることもある。釣り人に近い側は浮き気味で、ラインの先端ほど沈む。つまり先が下がった形で流れるイメージだ。

フライのターンオーバーは必須で、キャスト後はフライを沈めるため数秒カウントをするが、着水直後はスラックでできたイトフケを素早く取り、できるだけフライから手元までを直線的にするのが望ましい。キャスト角度は魚の想定位置によって変える。沖目の底にいるとしたら、そこへ届くようにかなり上流側へ90度で、しかもいる場所を通り越して、さらに遠くへと投げる必要がある。川底のアメマスへとフライを届けるために、充分に沈めるためだ。岸近くにいると想定したら、45度まででよいはずだ。やはり上流側に落として充分に沈めてフライを届ける。

通常、ヘッド部は太いので水流を受けてしっかり張ると、弧を描くようにラインが先行して流れる。重たいリーダーはアンカーの役目となり、ボディーに引っ張られが、前述したように魚は底、ライン本体は中～表層付近を流れるので警戒される可能性は低い。それよりも若干のイトフケでもアメマスの繊細なアタリが取りにくくなることのほうが重大だ。わずかでもリトリーブをすることで、フライまでのテンションを保つ。

川底に並んで張り付いているようなアメマスは、あまり激しくフライを追い掛け回さない。フライをついばむような捕食、手元には曖昧なアタリを感じるだけということが多い。だが小刻みにリトリーブをしていると、その手応えをとらえやすいのである。そこにリトリーブの三つめの効果がある。つまり確実にフッキングするためだ。

ただでさえ流れの緩い下流域で、しかもスイッチ・ロッドにしてもダブルハンド・ロッド用にしても、長くて太いシステムを使うと、流れとラインの重みに頼ったアタリだけでは、フッキングの確率が悪い。掛かりが浅く外れてしまうことも、アタリそのものに気が付かないこともある。より確実にフッキングするには、自分の手でしっかりとラインを手繰り、それを補う必要があるということだ。リトリーブは、動きを加え、アタリの感

春の早い時期から海と川とを行き来する道南のアメマス。コンデョションのよさは抜群だ

岸際に打ち上げられたサケ稚魚。岸辺の倒木の陰などに隠れて過ごすらしく、夕暮れ時などには浮上してエサを捕る姿も見るようになる

ようやく来た、グッドファイターの予感！飛んで跳ねてと激しいノボリのファイト

触を増し、フッキングを補うという三つの役割を果たす。下流〜汽水の釣りではより確実にする方法なのである。

逆にラインとフライをスイングさせるだけで、バラシが連発するのはハリ掛かりが浅いということになる。流れの速い中流等の瀬でニジマスなどがフッキングできるのは、スイングスピードが速く、ハリをくわえた直後に自動的にハリが奥までフッキングしていると推測できる。一方、緩い流れの状況ではそれでは運任せということになる。これはどの川でも、下流域のアメマスの釣り全般にいえる、リトリーブとスイングの関係性を考えるうえでの要点だ。

飛び跳ねるアメマス

虎視眈々とボイルが起きるのを待ち構えていると、自分の下流、岸から4〜5mの沖で大きな波紋が広がった。チャンスを逃すまいと即座にキャスト。フライを充分に沈めてポイントに流し込みたいために、上流側の3m付近に落とし、ス

最初の１尾目がこの日最大のアメマスだった。明らかに川と海とが間近のポイントを、自由に行き来するタイプと思われる

ビーズヘッドの真っ黒いウーリーマラブーにヒット。小型で動きがあるストリーマーだとサケ稚魚もどきに見えるのだろう

ラックを取りながらフライが沈んでいくのを待つ。ラインが張り始めた直後、グングンッと来た。つまり、一旦沈んだフライが浮揚するところでくわえてきた。この動きにトラウトはすこぶる弱い。スイングの釣りで最も多いタイミングでもある。

フライをひったくるような強いアタリに、グネグネと体をひねる動きが伝わり、水面が大きく揺れるのが見えた。その直後、トルクのあるニジマスのようなファイトが始まった。ものすごいパワーでジリジリとラインをリールから引き出し、川の中央付近までいって動きが止まった。

雪代の増水で流れは強いにもかかわらず、それは流心に入って、ときおりグイッグイッと体をよじらせてハリを外そうとしている。かなりのパワー。パタゴニアのシートラウトを思い出すようなファイト。水面上に体を乗り出して半ジャンプみたいなことまでしている。

じわりじわりと岸に寄せて、ネットを持って近づくと流れに逃げられ……を3回ほど繰り返し、ようやくランディング。60㎝近い体はひときわ太く、張りも

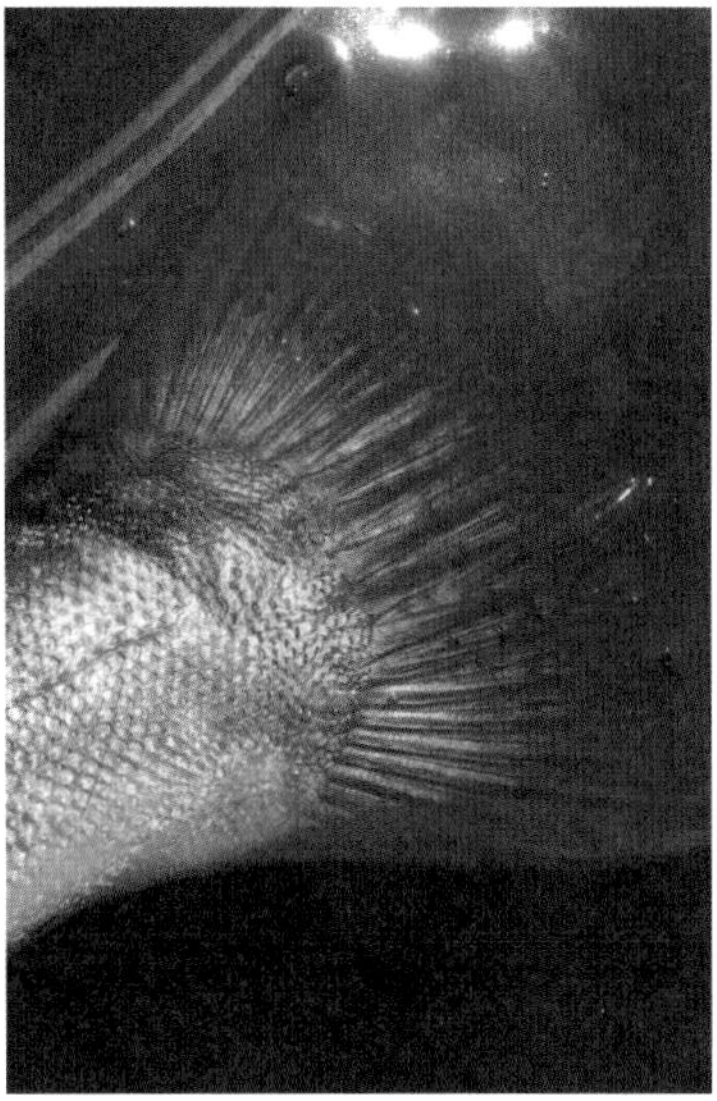

茶褐色の背面、中庸な白点の大きさ。果たしてこのアメマスがどこで一番の成長期を過ごしてきたのか謎。実際のところ、姿形から判断することは難しい面もある

握りこぶし大の銀化した、あまり大きくはない尾ビレ。降海準備中なのか、それとも海から遡上してきたのか。謎を考えるのも面白い

下流部でも汽水でも、あるいは海でも春先のアメマスには、サケ稚魚を模倣したフライパターンが活躍する。これはUVフラッシュをボディーにもハックルにも使った派手なタイプ

好ポイントの河畔に芽吹く、春の訪れを感じさせるヤナギ。例年同じ時期にノボリアメマスがボイルを始める

あって健康体そのもの。背中こそ川の水に近い緑と茶を混ぜたような色をしているが、側面から腹部、ヒレにいたるまで、ギラギラと光り輝いている。つまりこれは海からの「ノボリ」のアメマスである可能性が高い。

　アメマスは川の中で越冬するものもおり、また、下流～河口域を住処にしているものもいる。その正体は、よくは分からないのだ。例年現われるのは、春の3～4月には下流でボイルを繰り返し、暖かくなるとどこかに消えてしまう個体たち。季節の進行が早い道南地域だからか、海で越冬したが故にコンディションがよい群れが遡上しているのではないか？　だがあながち的を外した推理でもないだろう。

　真冬を海で飽食して過ごし、どこかのタイミングで川へと上ってきたアメマス。自由に移動を、旅をするマスたち。北海道各地に生息するアメマスは、川によって性質が異なるが、その生態の不思議さ、大きく力強く生きる様は、北国の釣り人を探索の旅に誘うかのようにも感じるのである。

牡蠣とウィスキー

湿原を流れる別寒辺牛川

4月の太平洋岸の道を、西から東へと向かう。日高山脈を越え十勝を素通りし、釧路の手前あたりから、根釧地方と呼ばれるエリアになる。積雪はすでになく、潰れて乾いた下草の大地、殺伐とした風景。だが、この景色が私は嫌いではない。それまでの長い冬が終わり、伸び伸びと川でサオを振れることを考えると、殺伐とした景色さえも、美しい風景に見える錯覚というやつだろうか。

古くから道東ではアメマスの大地と称されるほど、アメマスは馴染みのあるトラウトだ。だが2010年台に入ってからというもの、十勝地方のアメマスは年々数を減らし、釧路周辺ではほとんどいなくなってしまった川もある。そんな中で別寒辺牛川、通称ベカンは、増減はあるものの比較的安定した資源量となっているようだ。川の中流から上流部はいまだに湿原に囲まれており、それが魚たちを守っているのだろう。母なる大地が偉大であるほど、アメマスは自由に海と川を行き来して大きく育つ。

川に着くと大方の予想どおり、ベカンの河口域にはかなりの数のアメマスが群れていた。到着した昼頃はちょうど干潮のピークで川には流れがある。川なら流れがあるのは当たり前だろうが、ベカンは少し違う。満潮時には逆流し、大潮の際などはかなりの速度にもなるのだ。

朝から立ち込んでいた人たちがちょうど帰る時間で、上がってきた人に聞いてみると、なかなかの反応、数は多いということである。俄然やる気が出てきた。

この時期は釣り方にはやや制約がある。シーズンが短いこともあり、多くの釣り人が訪れるが、川全域で釣れるときもあるし、釣れる場所が局所的に限定されることもある。釣り人が多いときは、ダウンクロスの釣りであっても、ステップダウンできない状況になることが多く、そうした場合には止水での釣りのように、立ち位置から四方に投げて粘り強く釣る必要も出てくる。

群れが定位している場所を見つけられればかなりコンスタントにヒットする。回遊してくる魚を待つ、いわば「待ちの釣り」になるということもある。

周辺は国道で、往来する車の邪魔にならないように、古い林道の空きスペースに車を駐車する。ポイントからは少し離れているが、運動不足を解消するには少し歩いたほうがよいくらいだ。湿地を横切り、鉄道の橋の下を潜って川へと入る。河口から1㎞ほどの距離だ。

湿原河川でたくましく育ったベカン・アメマス。芳醇な海と川の象徴のような存在だ

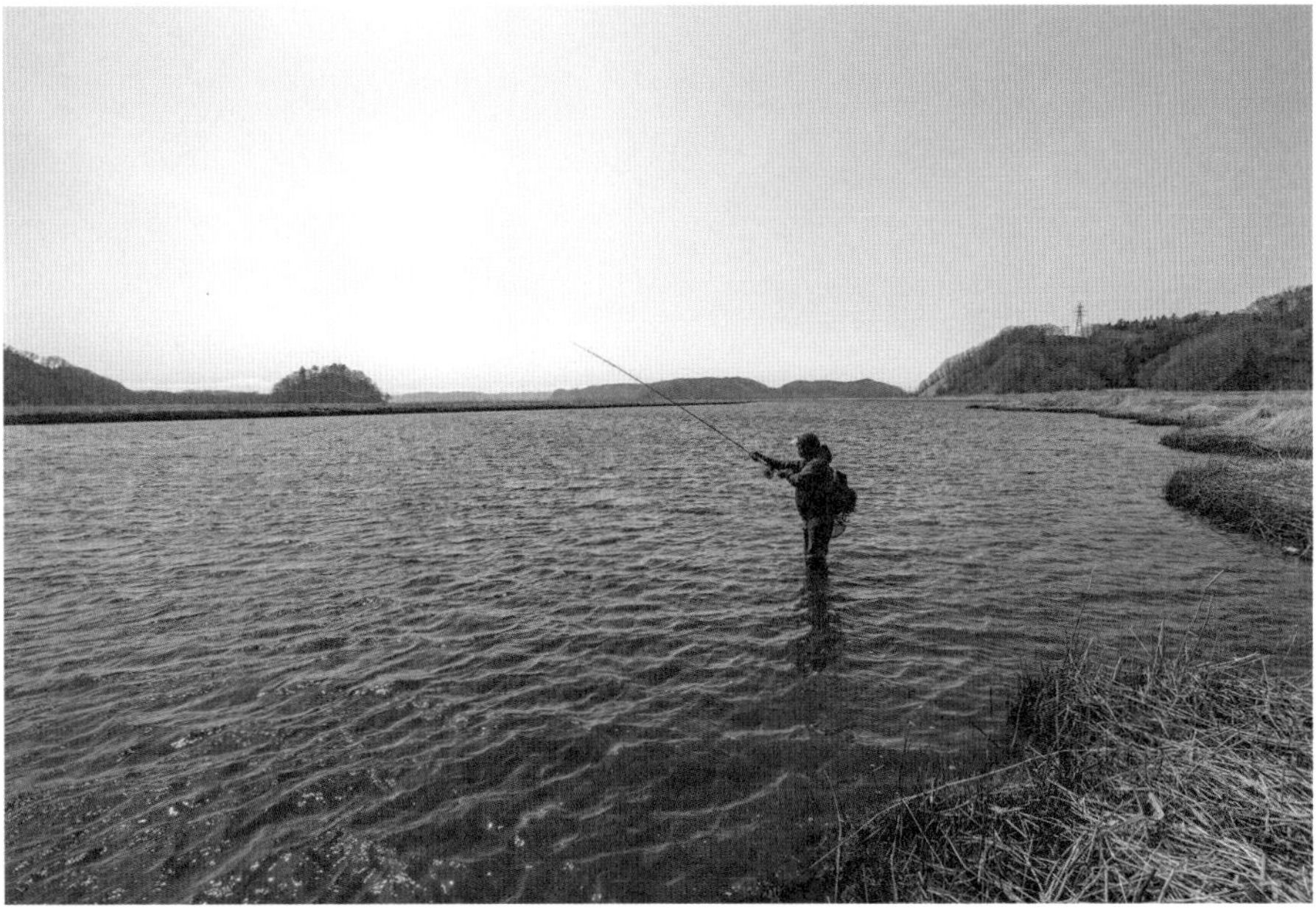

汽水の厚岸湖へと流れるまでの数kmが下流部の釣り場。干潮と満潮の影響を強く受けるエリアで、このような自然がアメマスを育むということを教えてくれる貴重なフィールド

札幌から訪れていたＴさんが60オーバーのごついアメマスをランディング、近くにいたＹさんが自分の手を休めて記念写真。和やかなムードは別寒辺牛川のいつもの光景

地元釣りクラブ「ウォルトンズクラブ厚岸」の幹事長である倉部英樹さん。この時期は時間が出来ると川に立つ

この日、私はいつものように他の釣り人から離れて川に入ってみたものの、最初はアタリがまったくなかった。下流にいたグループが引き上げたので、大きくステップダウンしながら、アメマスの居場所を捜す「探りの釣り」に切り替えた。実は下流にいた４人のうち、一番下流側にいた１人だけがやたらと釣りまくっているのを、横目でチラチラ見ており、アソコには絶対魚が溜まっていると思っていた。まだ２００ｍくらいはあり、徐々に下って行って最終的にはソコに張り付いてしまおうと目論んだのである。

ならば最初から直行すればよかったのだ。変に色気を出してその上流側をのんびり釣っている間に、あとからやってきた人が入ってしまったのである。しかも１投目からヒット。グイグイとロッドが伸され、かなりの大ものであることが遠目にも分かってしまった。掛けたまま岸に近づいて写真を撮ろうとしているのを見ると、かなりデカイのではないか。マジかよ……。

よほどいい魚なのか、その人はなかなか戻ってこない。ちょっとずつそのポイントに近づいてしまおうかと考えたが、知り合いだったら気まずいことになるな。やめておこう。

その場所はかなり魚影が多いらしく、戻った釣り人は、立て続けに何度もサオを曲げている。50㎝くらいのは即リリースのようだ。うらやましい。

私はまったく反応のない自分の釣り場からちょっとずつ50ｍほど下っていた。ここなら釣っている魚のサイズもよく確認できる。だが、そんなに入りたいなら、一言声かけて素直に横に入れてもらえばよかったのだ。

なんと、遠くでそれを見ていた別のグループがすぐにやって来て、その前後に入ってしまった。３人もいる。もう私の入る場所はない。がっかりしながら私は上流へと向かうことにしたわけである。

客観的に見ると、釣り人が多い下流域では珍しいことではない。週末ともなれば釣り場には、フライフィッシャーとルアーマンが混在しており、釣り方は違うが各人が20～30ｍは間隔を空け、お互い迷惑にならないように行動している人がほとんどだ。声をかければ嫌がる様子を見せずにどうぞといって、場所を空けてくれる人も多い。こうしたマナーのよさは、実は地元釣りクラブの存在が大きいからだと感じる。

厚岸町の釣り人を中心に、「ウォルトンズクラブ厚岸」という釣り団体が組織されている。釣り人は紳士たれをスローガンにする釣りクラブだ。結成から25年、交流会や河辺のゴミ拾い、情報交換などを通じて、釣り人同士のコミュニティーの役割を担っている。行政などにも釣り人の意見が通りやすくなるという側面もある。国道沿いの駐車禁止の啓蒙や情報公開、線路内の立ち入り禁止など、各方面からの指導や要望を伝えるなどの活動もしてきた。

同じく同クラブ事務局長の加藤裕之さんが、「こんな感じの釣りですよ」と見事なアメマスを釣って見せてくれた。釣りが紳士のスポーツであることを教えてくれる

釣り人の集中を避けるために近年は控えるようになったが、以前は「アメコン」と名付けた地元釣り人と道内各地から訪れる釣り人の交流会を開いていた。よき人たちの集まりは、よきことも伝播する。お互いに悪いことをしないようにと、自制することにもつながる。私もその当時にできた付き合いは今でも長く続いている。

それにもう一つ、札幌に住む私が遠く厚岸まで毎年通うのは、釣りと同時に食を堪能するという目的もあるのだ。毎回通うのは、「道の駅厚岸グルメパーク・厚岸味覚ターミナル・コンキリエ」。地元名産の海産物や黒毛和牛、そして地元が誇る「厚岸ウィスキー」など、一般にはほとんど流通していない素晴らしい名産も、ここに来ると食することができる。海外通のガイドのゲストと、毎年ここで炭火焼グリルと、本場スコットランドを思い出させると評判の高い希少なウィスキーで乾杯するのが恒例になりつつある。

釣りだけではない楽しみは、ガイドビジネスにおいても今後重要な要素になると思う。余談情報ついでに申し添えておくと、舌の肥えた方々の多い地域というのは、食に対するベース評価がかなり高い。大袈裟《おおげさ》にいうと、何を食べてもうまい。町内各所にある蕎麦屋のメニューに「かわ」という不思議な食感の蕎麦がある。一言でいうと、クセになる。東京から訪れる人も一様に病み付きになるほどだ。何のことか分からないだろうが、現地でぜひ食してほしい。

さて釣りの話に戻そう。

爆釣と大もの

じりじり作戦で敗北した私は、1㎞ほど上流の支流が合流するポイントへ入った。上げ潮になったがまだ流れがある。比較的フラットな地形のポイントである。大潮の干潮時にはかなり対岸まで入れるが、何年も前にネットを流してしまったいわくつきの場所でもある。常に誰かしらがいるポイントなので、やはり控えめにその下流へ入った。もちろん上の人がいなくなったら速攻で入るつもりである。

満潮に入ったため流れはすでに鈍くなり、本来ならもっと速いはずだったが、さきほどの下流側と変わらぬスピードである。今度は入った場所がよかった。

ここでは、先ほどまでのナッシングがうそのように爆発したのである。型こそ40〜50㎝と中型クラスではあったが、まさに1投1尾である。投げて沈むと間もなくググンとフライをひったくるようなアタリ。フライはごくシンプルなUVホワイトを巻いて、スードヘアでテイルを付けただけのウーリーバガーである。ラインはフルシンクのスカンジライン。サイエンティフィックアングラーズ社のアトランティックサーモンショート、シンクレートは先端がタイプ3のものだ。キャスティングはスペイでもターンオーバーは必須なので、ターン性能のよいラインはほとんどの人にとってベストチョイスだろう。

だが、釣っては逃がし釣っては逃がしと、20回ほども繰り返したろうか。なぜか大型が掛かってこない。群れそのものが中型のみなのか、それとも何かが悪くて大型が食いつかないのか、フライを替えたり、シンクティップを加えて重くしたりと、さらに深場を探ってみたが、結局60㎝に届くような大ものは釣れない。

他の釣り人の話では70㎝クラスが出ているようなのだ。数日挑戦してみたくなった私は、別寒辺牛川から少し離れた川の河口近くにキャンプを張り、川へ通うことにしたのである。

この季節は北海道内のキャンプ場はほとんど営業をしていない。令和キャンプブームというべき現象になってから、都市部近郊や一部観光地では早い時期から営業を始めた場所もあるが、春まで積雪があり、利用者の少ない北海道では総じて営業開始は遅い。早くてもゴールデンウイークから、ほとんどのキャンプ場は6〜7月の開始となっている。

この旅でもキャンプ地は、海浜の自由使用に伴う海岸沿いの小川の河口だ。土手の上の空き地を利用し、簡易的に設営

別寒辺牛川と厚岸への旅は、グルメの旅でもある。炭火で焼く牡蠣や真ツブ、氷下魚などはすべて地元周辺の海の恵みだ

海外のコンクールでも高評価の「厚岸ウィスキー」。現在でも入手は難しいが今後さらに加速することも。「道の駅厚岸グルメパーク・厚岸味覚ターミナル・コンキリエ」でも提供されている

できる車のオーニングに吊り下げる箱型のオーニングテント。晩秋から初冬でも使用するタイプだ。夜は氷点下になるので薪ストーブをインストールする。

日が暮れかかっていたが夕飯を作るより先に薪割りだ。携帯型のチタン製薪ストーブを購入したので、そのストーブサイズに合わせる。コツのようなものがあるとしたら、火力を上げたい時は細めに割り、就寝中に熾火で暖を取る用には、太めの薪を作っておく。寝る前に太い薪を入れ、空気注入口を塞《ふさ》ぐことで、しばらく燃焼が続くようにする。薪ストーブのよいところは煙と同時に発生する一酸化炭素も煙突に吸い込まれてテント外に出ていくことだが、逆流するような悪い性能のストーブ(特に小型のものに多い)や、煙突に穴や隙間などがあるとテント内に充満して大変危険な状態になる。安全対策としては一酸化炭素の警報器を設置、できれば故障対策として二つほど用意したいところだ。寝ながら二度三度と起きて薪を足す必要があるが、これでヌクヌクと温かい早春の夜を過ごすことが出来る。あとはウィスキーをくいっと一杯やって寝る。これだけでも暖まる。

潮の影響とリトリーブ

上機嫌で翌日も釣りをしてみたがかんばしくない。同じようにたいしたことはなかった。川で会った釣り人の話だと、ちょっと前にいいサイズのアメマスが連続ヒットしたという。私はさらにもう1泊延ばして、2日目は面倒なので車中泊に切り替えた。早朝に向かう算段である。

翌々日、この日は大潮前の中潮。午前中に干潮のピークを迎えるため、主に午前中は釣りやすい潮になる。

7時過ぎ、今日は誰もいない。しめしめ。流れはまだ速く、90度に投げたラインは、放っておいても中々のスイングスピードで流れていく。スピードを殺してより沈めるために、1mほどのシンクティップを付け足す。ナイロンリーダーは12ftと長い。フライはやはりUVホワイトでギラギラしたウーリースードヘア。

シーズン初期は、ゆっくりとリトリーブをしながらアメマスが群れている場所を捜す。群れが見つかれば連続ヒットも珍しくない

何投もしないうちに、ラインを手繰る手元に、モソモソ……とフライにじゃれるような感触が伝わり、ズンとラインが重くなった。

「おっ、きた！」

ロッドを煽ると、手元に大きな振動となって伝わるアメマスの動き。50㎝くらいの魚なら、サオ立をてた瞬間に表層近くまで浮き上がるが、これはサオが曲がるだけで浮いて来ない。大ものだ。

ラインがギューンと中央付近へと移動し、そこで体をひねってハリを外そうともがいている。魚はまったく見えない。リールで手元のラインを回収してリールファイトに切り替える。ときどきサオをグイッと少しだけ後方に倒し、バット部を曲げてその反発で魚を浮かせようとするが、それでも魚の姿が見えない。それどころかその反動の抵抗でバレそうな気さえしてくる。こういう場合は自分が岸に上がって魚を浅場へ誘導するのが一番だ。腰まで浸かっていた深場から足場の悪いぬかるんだ岸に誘導すると、ようやく魚体が見えた。

「デカイ……！」

久しぶりの大もの。茶褐色の大きな背中と、太い頭部が只モノではないことを物語っている。浅場で何度もネットに入れようとしたがどうもうまくいかない。泳げる状態であれば、アメマスはネットイン時にもっとも抵抗する。

さらに浅瀬に引き込みネットに入れる。丸みを帯びた頭はメスだろうか、ずんぐりと太い全身は、川で越冬した直後の痩せたアメマスとは一見して異なる。コンディションのよい野生の風格。おそらく汽水の豊富なエサを捕食してすでに充分な回復をしているのだろう。計測してみると、70㎝を超えている。大きい。

褐色の背中に側面から腹部は、銀化してキラキラと輝き、海へと降りる準備が整っているようにも見える。春が進むと同時に川から湾そして外海へと旅に出るはず。翌春に出会うことが出来たら、さらに一回り大きくなっているだろうと想像すると、釣り人の夢も膨らむというものだ。

春の典型的な魚体、まだやや痩せいているがこのサイズ（55㎝）ほどもあれば充分にアメマスのよさを感じられる

北海道に広く生息するシラウオを模倣したフライパターン。濡れると全体が細くなりそれっぽくなる

別寒辺牛川からやや離れた水路と海岸の土手で簡易キャンプ。きれいな夕陽を見ながら明日の釣果を夢見る

汽水のモンスターと原野キャンプ

汽水に向かえ

朝目覚めて車から這い出ると、日差しも空気も暖かい。日に日に春は進行中。のんびりとコーヒーを沸かしていると、1台の軽ワゴンが川のほうへと向かっていった。先を越されたのか。

「急がねば……!」

ねらいのポイントへ向かおうとすると、途中でワゴンが停まっていて、お爺さんが投げザオを3本立ててブッコミ釣りをしている。ちょうどマキリでサバの切り身を短冊状にしていた。

「おじいさん、精が出ますね。何が釣れるのですか?」

「ウグイだよ、丸々としたヤツが釣れるんだ」

平成20年頃の十勝川は有望なウグイ釣り場でもあって、冬から春にかけて越冬したウグイをねらう年配の釣り人は多かった。

「よそではどうか知らないが、この川じゃ、ウグイはご馳走だよ。刺身に煮つけ、とても旨いんだよ。50㎝もあるウグイは引きも格別だしなぁ」

「そうですか、で、アメマスは釣れますか?」

「毎日のように来てるが、ここ2~3週はぱったり釣れなくなった。昔は80㎝ぐらいの大きなのが掛かって大変だった。今はもうみな河口に行ってしまったよ」

「えっ? ということはまだいるんですね……」

念を押す私。大勢の釣り人がいるからすぐ分かるともいう。もっけの幸いとばかり、さっそく河口へと向かうことにしたのである。80㎝のアメマス、一度は釣ってみたいものである。

土手の砂利道を進むと、河口に届く手前で行き止まり。高い土手の上から河口方面を眺めると、たしかに釣り人がずらりと並んでいるのが見えた。右岸側に集中しており、浅そうな左岸側には1人か2人しかいない。私は左岸側で釣ることを決め、大きく迂回《うかい》して左岸へ入る道を捜した。

浜辺といったほうがふさわしい河岸に立つと、海からの冷たい風。さほど待つ間もなく、さざ波の立つ水面に、明らかに大きな魚と思わしき物体が引き起こした波紋が広がる。岸からは10mほどの距離。連続はせず、まったく離れた場所でまた大きな波紋。どうやらけっこうな数のアメマスがいるようだ。

「スゴイ釣りになるかも…」

大きな波紋は、何か捕食のサインに違いなく、順当に考えるとサケ稚魚だ。目

汽水域にはその川の主のようなトラウトが存在する。これは75cm。準モンスター級

にこそ見えないが、この汽水エリアは、海へと降りるサケ稚魚たちもしばらく慣らしをする場所に違いないからだ。

それっぽいストリーマーを投じてリトリーブしてみる。濁りが強くて魚はフライを見つけられないと踏んで、辺り一帯をしつこく探ってみたが、一向に反応がない。より目立つようにと、フライを紫のウーリーバガーに替えたが、これでも反応はない。

「おかしいな……」

波紋は定期的に起き、単独あるいは群れでクルージングしているらしいことは想像できた。波紋の直後にその周辺に何度か投じてみたが、視界に入っているはずなのに反応なし。フライをさらにチャートリュース色のシュリンプ風8番サイズに替えてみる。これを使って数投目、グイッとラインを引き込むようなアタリ。ようやく来た。

50㎝に満たないような小ものだったが、さっそくストマックポンプで胃の中を拝見させてもらう。すると、同じ白い物体がゾロゾロと出てきた。半分溶けかけているが、スカッドのような丸まった水生生物。スジエビだろうか、オキアミの仲間で淡水アミとか汽水イサザアミというのもいるらしい。

十勝川を含め、北海道の淡水には元々はスジエビだけが生息しており、最近では移殖種のヌマエビもいるようだ。素人目にはどちらも大きな違いはない。大きさは4㎝前後にまでなり、色は原則として半透明だが生息環境や興奮状態や威嚇《いかく》で変色もするらしい。

イルカとモンスター

寝泊まりする深夜の海岸で、夜な夜なフライラインを替える。今日は川の流れが中流部と変わらないほどの流速だったので、14ft9番ロッドにラインはスカジットラインを使用してみたが、どうも具合が悪い。沖でのボイルも岸近くでのボイルも、足元まできっちりとリトリーブする必要がありそうなのだ。ということは、太く感度の悪いラインではなく、速射できるフロントテーパーのあるラインが向いているだろう。さらにヘッドとランニングラインが別になっていることで、つなぎ目問題がある。つなぎ目に段差があるとリトリーブ時に引っ掛かり、一時的にフライが静止して魚が逃げる現象だ。

ショートヘッドのスペイラインがあるのでこれに替える。すでにアメマスの活性は高く、エサだと認識すれば追い食いもするはず。つまり、ラインであまり沈める必要はないため、フローティングだけでも大丈夫だろう。

翌日は日の出直後の早朝5時に起きて川に入り、最初からポツポツと中型魚が釣れ続け、引き潮の午前中いっぱいでそれなりの数になっていた。だが肝心の大ものが来ない。

正午頃だったろうか。内海のかなり沖のほうに黒い物体がときおり見え隠れする。大きな黒い背中がこんもりと盛り上がっては消える。

「ついに伝説の超巨大アメマスか!?」

とは最初から思えなかった。どう見ても本物のイルカなのである。

どうしてこんな時期に、こんな河口に紛れ込んで来たのか……。

「エサを捜して？ もしかして、アメマスをねらっているのか！」

予感が的中したのか、これを境にアメマスの反応はパッタリとなくなってしまった。これでこの釣りもおしまいだな、と半ばふてくされて砂浜に寝転んでいたが、しばらくするといつの間にかイルカは姿を消していた。隣で立ち込んでいた釣り人たちも帰り、私一人になっていた。やがてふたたびアメマスたちは舞い戻り、しかも大胆になっていたのである。ヘッド&テイルのように頭から背中を丸出しにするものもいれば、激しい飛沫を上げてライズするものもいる。

興味深いのは、風がやんで小さな波の周辺で、頻繁にボイルするアメマスが連続して現われたことである。波に揉まれるヨコエビの仲間、スカッドねらいのアメマスだ。トビムシは数が多いので、水中を大量に泳ぎ回っているのかもしれない。だとしたらこれを専門にねらうアメマスがいてもおかしくはない。

無論、同型のフライを結ぶ。キャスティングなどは必要ない。岸から警戒させないように少し距離をとり、ボイルを見つけてモグラ叩きのようにフライで直撃するのだ。結構な確率でヒットがある。

一番驚いたのは、岸際になんと一番大きな70cm超のアメマスがいたことだ。大きな頭をしたオスのアメマス、ギラギラと光っていかにも汽水のそれ。ゴボッと岸際で小さなヨコエビを食べる大ものアメマス……。素晴らしい釣り場を見つけたと思った。この日から、私の汽水のモンスター相手の釣りは始まったのである。

モンスターと魂のサオ

あれから年々魚の数は減り、春ばかりではなく秋のシーズンも不調が続いた。誰に聞いても同じような答えで、アメマスが減っているのは明白だった。

その年もキャンプを始めて7日目、いったん別の川へ行き戻ってきた翌日のことである。今年も厳しいな……と思いながらもサオを振り続けていたが、その日も含めてほとんど釣果はなく、釣り人もまばらだ。だが突然、その魚はやって来たのである。

　砂州の岬から沖目に投げていたフライが、リトリーブを始めて間もなく、ドスンという重いアタリが伝わってきた。それと同時にラインがズルズルと引き込まれて行く。ただならぬ大ものの予感。だがその時はまさか、あんな魚が掛かっているとは思わなかった。

　魚は普通、水面に浮かせると観念しやすい。だから8番ロッドの強力なバットをグイッと曲げてやると浮いてくるものだが、コイツは微動だにしない。特に暴れるわけでも走るわけでなく、ジリジリとしたやり取りがしばらく続き、やがて濁った水の中にぼんやりと見えてきた。

　その魚の影は衝撃的だった。

　青味を帯びた灰褐色の背中、白いマダラの虫食い模様、間違いなくアメマス。だがその巨体は、それまでの常識の範囲を超えていた。まさかのメータークラスなのである。

「えっ、本当に？」

　心の余裕が急速にしぼんでいく。こちらの気配を察知したその巨大アメマスは、それまでのファイトがまるで遊びであったかのように、力強い機関車のようにグイグイと沖に向かって走り出した。40m近いラインが終わり、バッキングラインが引き出され始める。ラインに掛かる水圧はバラシを誘発する。ラインはあまり出されたくないのだ。それに釣り人を余計に弱気にさせる。

「大丈夫だろうか……」

　心細い。不安がよぎる。

　自分の常識を超える魚に出会うと、たいていの釣り人は身構えてしまう。バラせない……そんな思いから身体が硬直し、抵抗する魚に対して柔軟な対応が出来なくなる。私もこれまでに大勢の人を取材し、自らもたくさんの釣りを経験し

フライフィッシングの面白さの一つは、対象やフィールドによって事細かくシステムを変更できること。ラインシステムは複雑ではあるが、より深く極める世界へと没入できる

あろうことか、イルカと思わしき生物が現われる。それまでボイルしていたアメマスは急におとなしくなった

イルカ後の静かな海を眺めながら途方に暮れる。だがやがて宴が始まる……

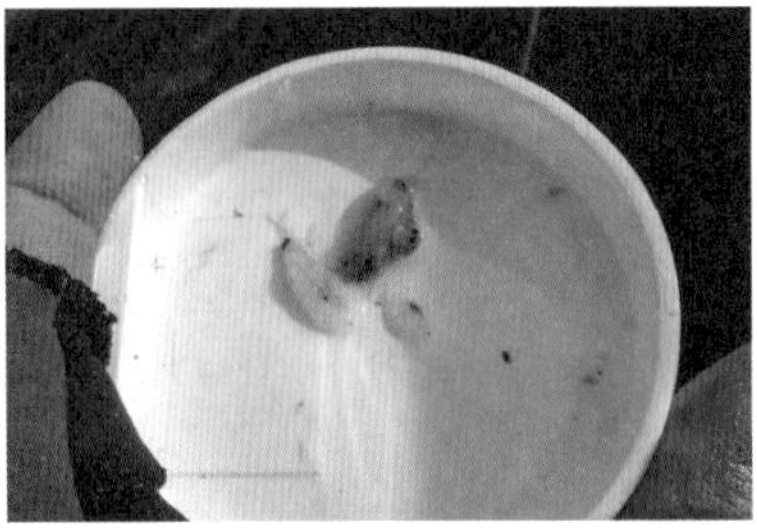
ストマックポンプを使って吸い上げた胃の内容物がこれ。スカッド類を食べてることが分かる

波の小さくなった夕暮れ、昼間よりもさらに波打ち際でボイルが始まった。モグラ叩きの要領で岸と平行にフライを投じる

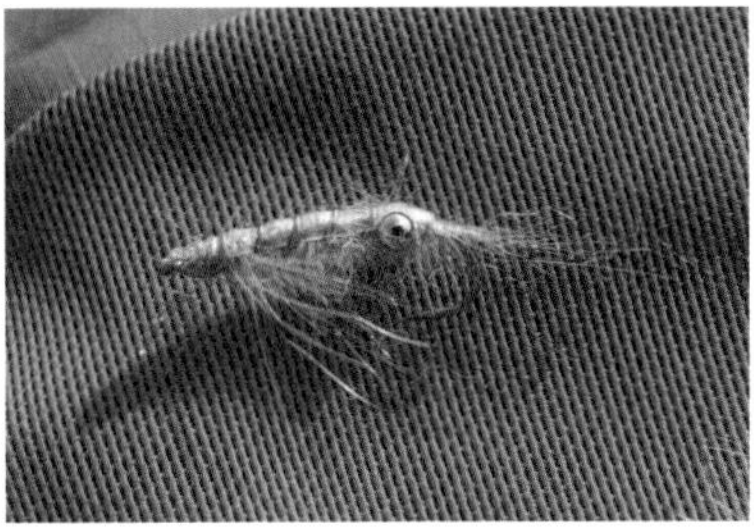
キャンプで足りなくなってきたスカッド類をタイイングする

この60㎝サイズがボイルを繰り返すのだからやめられない日だった

てきた。余裕を持ってこなせるのはなかなか難しいのだ。だがその中で、ロッドに助けられたな、と思うことが何度かある。幾度も取材を共にした年配のベテラン編集者とこの話になると、いつも最後はある結論に落ち着いたものだった。

「大ものとのやり取りは、最後はロッドの性能がものをいうんだよな……」

果たしてサオの優秀さが勝ったのか、さすがのモンスターも足が止まった。ラインを騙し騙し回収し、あまり巻きすぎずに、というのは近づくと魚は嫌がって逃げたがるので、10mほどもラインを出したまま、下流部のワンドに誘導すると、巨大アメマスはゆっくりと浅瀬へと入っていった。遠目に岸ぎりぎりまで魚を追い込み（しかし絶対に岸には上げない！）、走り寄ってネットを頭からかぶせる。

「おぅ……でかい……」

やはり見たこともない長大なアメマスだった。

口先は締まっていて細く、全体的に頭部は小さい。各部のヒレも決して大きく

何度測っても 89㎝のアメマスをリリースする。これまで釣ってきたどのアメマスよりも長大で偉大な生命感を持つアメマスには違いなかった

十勝川の最下流部は潮の影響を受けるが水量が多く勢いも強いため、満潮時でも流れが緩くなる程度だ

艶めかしいほどの尾ビレ

野生に挑戦する釣りでは、何もない、人目に付かない原野が釣りキャンプのフィールドになる

はない。だがまぎれもない長大で偉大なアメマス。神々しくさえ見える。今まで見た最大のアメマスは84㎝の写真。それを間違いなく超えている。一回りも二回りも大きく見えるのだ。

「本当に1mあるだろうか……」

　メジャーを引き出して計測してみる。

「えっ…？」

　拍子抜けである。ヒレの真ん中、つまり正式な尾叉長で図ると、89㎝。なんだ？　おかしいな。また計測する。ヒレの一番長いところであるはずの先端部までメジャーを伸ばしても、やはり同じ89㎝。尾ビレがまっすぐ平らで、尾叉も先端も同じというインチキしようがない見事にフラットな尾ビレ。普通は尾の先端のほうが、少しくらい長いはずじゃないか。

　しつこく何度も測り直す。なんとか90㎝になる計測方法があるはずだ。しかし何度やり直しても89㎝にしかない。うっかりすると88㎝になってしまう。

「だめだ、メーターどころか90㎝もない……」

　なぜ89㎝なのか、どうしてヒレが真っすぐになっちゃっているのか、理不尽だ……。

　巨大なのは間違いなく、たぶん、一生に一度の記念すべきトロフィーサイズ。なのに、1㎝足りないことで酷く打ちのめされた感がある。

　魚をリリースしたあと、私は放心状態になった。誰もいない広大な汽水の畔で、しばらく動けずに呆然としてしまった。疲れていたのはある。素晴らしいアメマスへの喜び？　まさか。数字なんてどうでもいいものに、とらわれすぎてしまう自分に対して、情けない気持ちにすらなる。

「まぁ、またしばらく挑戦は続くということか」

　もっとも、仮にこの魚が90㎝であったとして、次はさらなる大ものを求めただろう。これをモンスタートラウト・シンドロームとでも名付けておこうか……。

FishCampLife 海外編

Flying Fisherのキャンプ旅

Flying Fisher のキャンプ旅　その1

〜空を翔け巡り、世界中を釣り歩く、ある種の呪いのような旅について〜

ニュージーランド釣りキャンプ

テカポリバー。ニュージーランド（以下NZ）南島、中央高原にある川。乾いた荒地を流れる川だ。周囲は無人だが、荒れた道ならないわけではなく、ときおり、ハイウェイから川にやってくる人がいる。道があまりにひどいので、車高の高い4WD車でも、失敗した！と引き返すようなところ。

　1998年の2月、私はそこで1週間キャンプをしながら釣りをして過ごした。車がなかったので、大きな荷物を背負って川沿いのガタガタ道を歩き、丸一日かけて、支流との合流点へとやってきた。そこで川辺にテントを張り、毎日、川の水を汲んで生活した。

釣りキャンプ。毎日、晴天の下、目の前の川で大きなトラウトを見つけては、小さなドライフライを投じて、ゆっくりとフライをくわえるのを、固唾《かたず》をのんで見守る。緊張と歓喜と落胆の連続。他のことは一切、金輪際考えることのない生活。シンプルで幸せな時間。

　元々、キャンプ生活、特に荒々しくて人も寄せ付けないような原野への憧れは強かったのだけれど、ここはちょっと違った。荒れ地に乾いた草花がちょっとあるだけの殺風景、たしかに。でも野獣がいないせいか、ずっとマイルドな雰囲気で安心して滞在が出来た。低い灌木しか生えていない河原だったが、見晴らしのよい土手の上にキャンプを作った。

橋から覗き見るモンスターブラウンの川

　生活は質素だ。小さな1人用のテント、カスケイドデザインの折り畳み式の安価なマットを敷くと、デコボコの地面が少しは快適になったし、モスのアウトランドは風にも強く、実に頼もしいテントだった。釣りを終え、河原の土手を歩いて下り、自分のテントが見えるとホッとした。寝床が決まっていると安心するのである。仮初の安住の地とでもいおうか。

　帰って来ると、汚れた足や頭を洗って炊飯する。イモやタマネギにサラミと醤油を混ぜて炊く。炊きあがる頃に醤油で溶いた卵をかける。日持ちするとはいえ、

空を翔ることは出来なくても、地を歩くことは誰でもできる

ニュージーランドの大自然の中で朝を迎える。熱いコーヒーと質素な朝食が美味い

バックパックで運ぶ食料としては最悪の重量物なのだけれど、やめられない。限られた資金だけで滞在を延ばすために節約は最重要課題だ。この年でNZには3回目だったが、この川に入る1週間前まで、海を隔てた西側にあるタスマニア島を2ヵ月ほど徘徊していた。当時の私は日本で少しお金を稼いでは、釣りキャンプの旅へと出掛け、世界のトラウトの棲む国を回り尽くしたいと思っていた。

夏のタスマニアはNZに負けず素晴らしかった。数千もの湖沼が広がる高地は、風と天候に翻弄され続けるフィールドだった。自然を味方につけ、素早く行動しなければ成功はない。かなりのスキルと、自然への理解がなければ、ほとんど成功しない釣り、サイトフィッシングの本場だった。充分時間を掛ける必要はあるが、もう低地の濁った川の釣りなどバカバカしくて出来ないとさえ思った。

そこでもやはり湖岸にテントを張り、朝飯の前に後に、昼に夕暮れにと、浅瀬でヒラヒラとテイルを水面に出しながら、湖底の巻貝を食べる怪力ブラウンを

トライを重ねてついにランディングしたブラウントラウト。小さなドライフライが大きな成功をプレゼントしてくれた

２月の夏、陽光の下、魚影を見つけてフライを投じる。享楽の極致

相手にしていた。毎日飽きずに。そこでも散々遊んでおきながら、その後にNZで今度は川辺の釣りキャンプ。大口を開ける70㎝にも達する老獪《ろうかい》なブラウンやレインボーが相手。そうした旅の経緯は面白ければ面白いほどよい。なぜなら、その悲喜こもごもを帰ってから原稿にして、写真を添えて各出版社に送り付ける。掲載されたら原稿料は次の旅の資金に加える。その繰り返しを生活にしたいと思っていたからだ。

だが果たして、そんな変わり者の釣り旅を読者が面白がってくれるのだろうか？　釣り人なら、アウトドア遊びの好きな読者なら、きっとそれなりの理解をしてくれるはずだ、というのが淡い期待だった。だが、フライフィッシングを知らない人々に、その世界を説くのがいかに困難であるかということを、98年の旅でも思い知ることがあった。

タスマニアからニュージーランドへ渡ってくる飛行機で、日本人の女子大生と一緒になった。ローンセストンの安宿で知り合った子で、たまたま行き先がニュージーランドと同じだった。数日後に経由地のメルボルン空港で偶然再会し、短いフライトとそのあとの数日間、好奇心旺盛な若い彼女に対して、それなりの努力はしてみたものの、何も伝わらなかったようだ。

釣りに関してまったく無知の彼女は、Fly Fishing を Flying Fishing と発音した。キャンプは楽しそう！　とは言ってはいたが、フライフィッシングにあまり関心はなかったのだと思う。だからテカポで何日か経つと、彼女は別の若者たちと一緒にどこかへ行ってしまった。ラフティングとか、バンジージャンプとか、スカイダイビングだとか、そういう「ごく普通」の遊びが好きらしかった。当然だろう。それからしばらくのあいだ、彼女が発したその間違ったつづりは、私の頭の片隅に残ることになる。

フライング・フィッシャー

『FlyFisher』という雑誌の当時の担当者に、新しい企画として「Flying Fisher」という言葉を口にすると、えっ？という反応をした。言外に「つまらない冗談ですか」と言われたような気がして、うろたえてしまった私は、その言葉に込めた思いを早口で説明する必要があった。慎重を期して、女の子の話はしなかったが、結局のところ、私自身も上手く説明することが出来なかったのだ。確かにちょっと不純な部分があったが、実はもう少し前にも、この言葉につながる動機づけがあったのも確かなのだ。

事はさらに数年遡る。世界への旅が始まったのは１９９４年の春で、夜間の大学を出たあと、見聞を広めるつもりでバックパッカーとして世界1周をしようとしたのが最初だった。日本から西周りにアジア、ヨーロッパを旅して回りながら、最終目的地であるアメリカへ行く。その目的以外は決まった日程、期間を決めずに、自由気ままに旅をする。つまり放浪の旅。

オーストラリアとニュージーランドで一時期だけ2ピースの長いフライロッドを持ち歩いたこともあったが、途中で面倒になって日本に送り返した。できるだけ身軽になることが、えらく気持ちよく感じられたからだ。大きなバックパックの中はスカスカだった。

あるとき、インドの安宿で同部屋になったやや年配のオランダ人が、その汚らしいバックパックをしばらく眺めて、片言の英語で話しかけてきたことがある。

「おまえ、その言葉の意味を知っているのか？」

何のことを言っているのか分からない。すると彼は、私のバックパックに刺繍された文字を指差して、これのことだよという。そこには「Flying Dutchman」と書かれている。ダッチは俗語でオランダを意味するから、さしずめ「空飛ぶオランダ人」と訳すのだろう。そうなのかと聞くと、彼はちょっと違う、それは元々、伝説なんだと教えてくれた。彼の説明では、ダッチマンはオランダの船を差し、フライングは空を飛ぶように早いという意味であり、転じて「幽霊船」を意味するということだった。その伝説とは、神の怒りに触れたオランダ人船長の船がアフリカの喜望峰の沖で、永遠にさ迷う罰を与えられたというもの。日本では、ワーグナーの歌曲の邦訳として「さまよえるオランダ人」と呼ばれている。ほかにもいろんな説があるらしい。しばらく後にジョニーデップの映画を観ていると、その呪われた幽霊船が出ていた。乗組員はみな、海の化け物だった。

ロケーションのよい湖畔のサイトで小さなテントを立てて仮初の生活の場とする

　呪われた人間は、不老不死となって永遠に海をさ迷うことになる。さ迷うということは、文字どおり、安住の地を持たないということであり、当てもなく目的もなく、ただ毎日を生きるだけということである。

　もしかすると、パックの文字をじっと見つめていた彼自身が、さまよえるオランダ人そのものだったという気がしないでもない。フライフィッシャーではなかったが、世界各地の写真を撮りながら旅して回る彼は、しかし旅の潮時を失いつつあるように見えた。いつ終わるとも知れない旅を日常として、気の向くままに町から町へ転々と移動を続ける。何を捜しているのか、自分でも分からないまま。捜し続けることそのものが、旅の目的となったとき、目的のない旅、それはいつからか、呪いとなってしまうのではないか。永遠に見つかることのない目的は、旅の終焉《しゅうえん》がないことも意味する。それは呪いそのものではないか。

　自分のパックとその幽霊船の関連性については、なんとも言いようがない。さまよえる人々の姿を、自分の旅の中で出会った人々の中に、垣間見ることはあったように思う。彼らが呪われていたかどうかは定かではないし、もちろん映画のように、タコやフジツボの化身ではなかった。

　私自身はどうだったか。川辺でキャンプをしながら、小さなフライをデカいマスに投げつけて勝負をしたかっただけ。呪いのせいで魚の化身になった自覚はないし、彼らの考えることは今でも分からないことだらけだ。

南島の「フィッシング・トレック」の大部分を踏破した時代。落差1000mのサドルを30kgを担いで、上り下りする強行軍の連続

どうにもこうにも

ようやくドライフライに出たブラウンを取り逃がし、しまった！と思うのと同時に、

「お前は運がいい！」

と叫んでしまう自分。なんという気前のよさ！　尊敬すべき王侯貴族！　いったいぜんたい、そんな心の余裕はどこから現われたのか。東京にいるときは、忙しい毎日に追われて、相手の幸運を喜ぶことなどありえなかった。こんな平和な世界にいるのだから、きっとそういうことなのだろう。

テカポ川の畔はまったく居心地のよいところだった。毎日誰かには出会い、片言の英語でも、釣りの話なら盛り上がる。近くの河原には、ときおり家族連れのキャンパーがやってきて、食事をご馳走になったこともあった。出会う釣り人は、こんな河原でキャンプをしている日本人が珍しかったのか、よく話しかけてくれた。

場所を問わず、旅で出会った人たちは皆、自分の目には印象的に写る。私の場合、外国人も日本人も、多くが無名の人々だったが、むしろ有名な人々よりも、その人たちにこそ興味が向いた。多くの有名人にありがちな、ビジネス然とした構えがないからだ。

私はこの旅の前もその後も、長い海外のキャンプ旅では、仕事で釣りをする人々よりも、なんの稼ぎにもならないのに、釣りばかりしている人々を好んだ。彼らのライフスタイルにこそ、生きるヒントがあると考えたからだ。そうして、多くの人からたくさんのものを学んだように思う。実際、自称プロみたいな連中から透けて見えたのは、人をいかにして騙すか、なんていうロクでもないことばかりだ。

河原でのキャンプは、手持ちの食料が尽きたところで町へと戻ることにした。何事も潮時は肝心という。昨年ここで知り合った友人が、そろそろオマラマの町へ来ているころだ。彼とは積もる話がある。それに、毎年同じ時期にオマラマに滞在する、テキサスからの爺さんたち。何か奢《おご》ってくれるだろう。

午後の早い時間にテントを撤収し、道を歩き始めたが、なかなか車がやってこない。釣りをするような人たちだから、間違いなく乗せてもらえると踏んでいたのに、これでは計算が違う。おまけに持っていた地図に記された道は、途中で切れていて詳しい行程が分からない。

3時間ほど道沿いを歩き、辺りが暗く

マルボロ地区の高地を農夫のトラックで釣り回る。標高が高いので歩いていると息が切れた

太古の昔、氷河によってできた回廊を流れる鮮烈な川は、モンスターブラウンとレインボーの隠れた銘川となっていた

10日以上のロングトレックを踏破して、ついに見つけた楽園の川。ネズミだらけの小屋がベースキャンプだ

なってきたので、道を外れて、広い草原を横切ることにした。はるか遠くにトワイゼルの町の明かりが見えている。町に着いたら、何を食おうか。ステーキかピザか？　安いほうにしよう。ビールをグビグビやって、宿をとってきれいなベッドで昼まで寝てやろう。しかし歩けど歩けど、町の明かりが一向に近くならない。直線距離で、20㎞以上もあったのである。

町に着いたとき、すでに深夜の2時を過ぎていた。ヘトヘトになりながら宿を見つけ、ベルを鳴らしたが、誰も出て来やしなかった。仕方がないので公園の片隅にテントを張り、死ぬようにして眠りに着いたが、翌朝は6時に草刈機のバリバリいう騒音に叩き起こされた。踏んだり蹴《け》ったりである。

私は軽々と天を翔けるつもりでいて、実際にはただ、地上を歩いているだけだった。フライングではなく、差し詰めウォーキング・フィッシャー。歩く釣り人なんて、普通すぎてなんとも冴えない名前ではないか。

Flying Fisher のキャンプ旅　その2

〜いかにして、海外で釣りキャンプ生活をして過ごすか〜

ひと月6万円、1日2000円の釣り旅

海外の釣り経験がある人の夢の生活とは、いったいどんなものだろう？　大きな魚がいて、エキサイティングなファイトがあり、美しいフィールドに囲まれた生活？　どれも捨てがたく、魅力的だ。

私が20代後半に描いた理想の生活、それは日本の冬を南半球のどこかで、夏は北半球のどこかで釣りとキャンプを繰り返す生活、というものだった。興味のおもむくすべての国や地域を回りたい。仕事はかろうじて食いつなげるという程度でよく、オフシーズンに集中的に稼ぐことさえできれば、それが可能になるはずだと信じていた。

そんな生活を繰り返すことができそうと思うようになったのは、1997年にニュージーランドを旅して回り、ほとんど金が掛からなかったからだ。仕事を辞めて30万ほどの資金で3ヵ月近くかけて旅したが、かなり節約もしたのに、とても充実した旅ができてしまった。物価は安く、ただ川から川へと無駄なく移動を繰り返すだけなら、金を使う必要はなかったのである。当時のノートによると、たとえば、ある週の生活はこうだ。

月曜日、クイーンズタウンからフェリーとバスに乗ってマヴォーラ湖へ向かう。この日の支出は、ツアー便乗のバス・フェリー代が35ドル、フェリー内で飲んだコーヒー1・5ドルのみ。宿泊はその晩から金曜まで、湖畔の無人キャンプエリアで無料。食事は前日にスーパーで買い込んで来た、米やタマネギを炊き込んで食べた。1週間分で25ドルくらい。キャンプ場は他に人もいなかったが、湖の流れ込みや流れ出しには、大きなマスが何尾も泳いでいた。

金曜日の夜に釣り人の車をヒッチハイクしてテ・アナウの町へ向かい、町内のキャンプ場に2泊。バス代が5ドル、キャンプ場1泊が9ドルだ。キャンプは河原のような自由使用の国有地と、国立公園などの無人のキャンプ場、それに町はずれにある民間キャンプ場とを、それぞれうまく組み合わせて利用した。無人キャンプ場にはトイレしかないが、集落などにある民間キャンプ場は、水洗のトイレに共同キッチン、シャワーにランドリーと何でもある。逆に翌週には、町を転々と移動したこともあって、倍近い242ドルを費やす。

旅は快適とはいいがたいものではあった。町にはできるだけ滞在せず、移動はレンタカーを使わず、バスやヒッチハイ

フライイング・フィッシャーの放浪旅

ク、食事はほぼ自炊である。ひと月で6万円。NZのマス釣りの旅ならば、それでも充分だということが分かった。移動には自由がなかったが、むしろ不便さゆえ、同じ川を何度も歩くことで、マスの居場所や様子がよくわかり、警戒させず攻略できるようになっていく。だがこうした節約した釣りキャンプ旅が出来るのは、NZのほかには、隣国オーストラリアのタスマニア島だけだということがのちに分かる。

　タスマニアは正味三度訪れた。やはり人里離れた高地の湖沼地帯を1週間ずつ訪れては、街に降り、ふたたび違うエリアを訪れるということを繰り返した。そのため、資金はさほど掛からずにすんだのだ。僻地《へきち》の砂利道をバックパックを背負って歩いていると、後ろから来る最初の車が停まり、街まで乗せてくれた。節約旅行は人の親切によって支えられていることも間違いなかった。

　数度の経験だけで、分かった気になり成功した気分になるのは、その感動が大きかったからなのだろう。感動をともなった経験は、きっと根拠のない自信を生むものなのだ。まるで、空を翔ける翼を得たかのような気分になって、よからぬことを考えるようになった。

　最初のNZの旅と同じように、金を掛けない旅ならば、他の国でもできないだろうか。旅に一番費用のかさむ航空券代を抑えるために、一度の滞在で可能な限り長居をし、その国や地域を文字どおり歩き回るように旅をする。人ごみを避け、歩き切った者だけが堪能することを許される土地を目差す。旅では多くの経験ができて、魚や川や自然についての理解も深まる。釣りは楽勝だろう。毎日笑いが止まらなくなるはずだ。その結果、自分の人生も幸せなバラ色になるだろう。

　行く国々によって掛かる費用は違うだろうが、10万もあればそれなりの旅ができるんじゃないか。渡航費を入れて20万から30万、それで事足りるはずだ。というよりも、そうすればいい。そうして、私は世界の釣りキャンプ旅という大風呂敷を、一気に広げしまうことになる。

アメリカ行き

　日本に戻った私は、東京で広告営業のアルバイトをして資金を貯めた。選びさえしなければ、街には仕事はまだ溢れていた。仕事の合間には、公園で弁当を食べながら、今後の予定を立ててみるのが日課になった。

　当時、専門のフィッシングガイドはまだ北海道にはおらず、自分が出来そうか考えたことがあったが、海外とは釣り場がまったく違い、すぐに成功するとは思

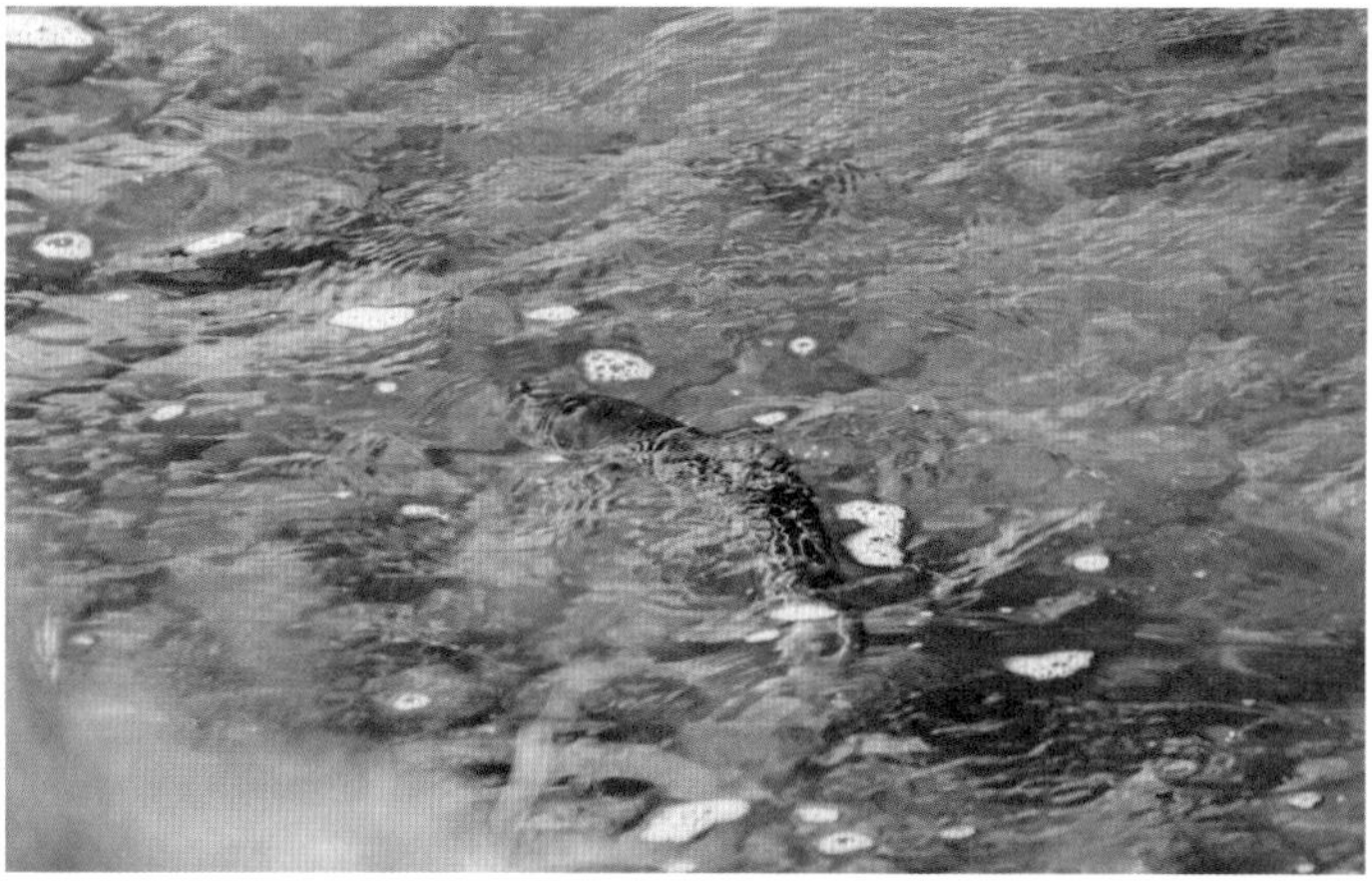

バンク際の浅瀬、バブルレーンでライズを続けるニュージーランド・ブラウン

岸辺をクルーズする大もの
ブラウンを捜す日常

原野の湖畔キャンプ。タスマニアのハイランドレイクにて

えなかった。まずは手っ取り早く資金を作り、海外での経験を重ねることのほうが大事だと思えた。

　1年のうち、夏と冬に一度ずつ旅をする。春や秋は日本で集中的に金を貯め、30万の金ができたらどこかを旅する。旅をするのはいずれの国も夏。1年に二度も夏を過ごすという、なんとも軟派な響きはあるが、どっちにしろ世捨て人のような生活だ。気にすることはない。

　だが、その夏の終わりには現実を知ることになる。東京で部屋を借りながら、生活に関わる雑多をこなしているうちに、貯めようと思った30万ほどの金が思うように貯まらないことに気が付いた。もしかすると、チケットを買う前に、調子に乗ってウィンストンとエーベルを買ったのが間違いなのかもしれない。その年の夏は、東京の炎天下の中で過ごすことになり、反省よりも何よりも、当たり前の現実に打ちのめされてしまったのだった。

　ない知恵を絞って秋にまず私がしたのは、東京の部屋を出ることだった。部屋の荷物は郊外のトランクサービスに預

難しいライズを攻略して 20 インチ（約 51 ㎝）のレインボーを攻略する喜びの釣り

その日の釣りを毎日細かくレポートにした。それはのちの執筆活動に役に立つはずだったからだ

雑誌の中の世界。アイダホ州のヘンリーズフォークはまさに楽園の一つだった

け、必要なものはそこから出し入れして、部屋代を浮かすことにしたのだ。日本で寝泊まりする場所を北海道の実家に移し、釣りをしながらアルバイトで稼ぐ方法に変更する。いわゆるニートにはならないように、アルバイト代から自分の生活費や光熱費を捻出するようにしたが、東京暮らしよりもお金が貯まりやすくなった。

まずはその資金で、冬にタスマニア島行きを敢行。翌年は早くから節制に努め、いよいよアメリカ行きが実現することになった。１９９８年の8月のことである。夏休みのピークが過ぎてチケットが安くなるときをねらい、約2ヵ月をモンタナとアイダホで過ごした。旅はその後も、日本の冬に南半球、夏には北半球の国々、そして北海道とを数ヵ月ごとに往復する生活。それを１９９７年から２００７年まで毎年連続して続けたのである。

Flying Fisher のキャンプ旅　その3

〜ここではないどこかの川辺へ〜

入口から見える景色。〜南米パタゴニア〜

朝起きて、テントの入口から見える景色に、大ものが潜む川、あるいは素晴らしいライズの川が見えたなら、どんなに素晴らしいだろう。夢にあふれた生活だろう。そんなことを考えて生きてみたかった。南米パタゴニアと呼ばれるエリア、その最南端部の荒野の川辺で、私はその素晴らしい朝を迎えていた。

２０００年の暮れ、私はパタゴニアへ向かった。計画どおりというわけではなく、年末までに例年よりやや資金が残っていたことと、南米行きのチケットがそれまでよりも数万円安くなっていたから、ここは決断すべき時だと思った。地球の裏側まで行くのだからと、できるだけ長く旅を続けようと思っていた。

まずはチリのサンチアゴを基点にし、まっすぐ南の突端へ向かう。移動距離は千キロ以上、バスやフェリーを使い、いくつかの目的地を経由し、気の向いた場所が見つかれば長くキャンプ滞在し、そして最南端のフエゴ島を目差す。距離もさることながら、期間は最長で3ヵ月近くも掛かるだろうと考えていた。

私にとってのパタゴニアのイメージは、寒風吹きすさぶ荒野、静かにとうとうと流れる川、そこに棲む野性味のあるブラウントラウトと巨大なシートラウト……が大半を占めていた。

そして実際に川から川へと旅をしてみると、確かに、荒涼たるパタゴニアはあったが、そればかりではなく緑豊かな鬱蒼とした森林山岳地帯あり、巨大な山々や氷河の頂ありと、思った以上に変化に富んだ自然があり、キャンプは楽しかった。当地のキャンプ事情を最初はよく分からずにいたが、国立公園や町の郊外にキャンプ場があるのを見ると、他の先進国の事情とあまり変わらないように見えた。実際にキャンプをする際には、釣りのプロショップやライセンスを購入した漁業省の事務所、最寄りの国境警備隊などの事務所で直接聞くと、あそこは大丈夫、あそこはダメと具体的に教えてくれる。釣りキャンプ旅も、新しい体験や知識を身に着けて成長していくという実感を得たのである。

南米パタゴニアでもっとも予想外だったのは、実は、地元の人々との暖かい出会いだった。たとえば、釣り場に行けずに困っている時、同行してくれる人が現われる。金目当ての狡《こす》っ辛い輩ではなく、それは単なる親切心によるものだった。

リオ・ガジェゴスという町で、シートラウトの川を訪れることを最終目的と定めてはいたが、車なしではシートラウトのいる区間に行くことができない。それが叶わないと知って落胆していると、店に居合わせた2人のアルゼンチン人が、一緒に行こうと誘ってくれた。言葉の分からない国で、人に対してはやや警戒をしながら旅をしていたが、その時はフライフィッシングを通じて知り合った人たちだから、信じてみたかった。

彼らと私は、だだっ広い荒野の、強風の吹く川で、一日ロッドを振り続け、日が沈む寸前に、70㎝ほどの白銀に輝くメスを1尾だけ釣った。釣れたのは私だけだったのに、彼らは一緒になって喜んでくれ、魚をリリースすると、満足そうな笑顔でうなずいた。それはいつまでも忘れられない思い出になった。

パタゴニアの次の旅は、アラスカへの旅だった。また1シーズン季節労働の仕事をこなして資金をため、それに加えて旅の途中に原稿料が入ることも当て込んで、アメリカへと旅立った。それは真っすぐにアラスカへ行くのではなく、米国本土のサンフランシスコから、列車やバスを使って、長い釣りキャンプの旅をするためだった。

仮初の地で停滞する

モンタナ州、ビッグホールリバー。その日もまた､充実した釣りの一日だった。ポケットウオーターを見つけると、グラスホッパーを流れの脇に落とす。4Xに結ばれた8番のフライは、勢いよくターンオーバーし、バシッと着水する。ほとんど間髪を入れずに、水面がガバッと割れて、フライにブラウンが飛びついてくる。この、バシッとやって、ガバッと来る感覚。テンポのよいリズムは、高地にあるビッグホールにぴったりだった。見上げると、モンタナにはどこまでも青い空と広大な大地があるだけ。旅をしなければ、見ることのなかった風景。すでに午後も遅く、かれこれ6時間も川を歩きっぱなしだ。そろそろキャンプに戻ることにしよう。

中洲の森と川の間にあるキャンプ地に戻ると、真っ先にすることは、布バケツで川の水を汲んできて、ビールを入れて冷やすことだ。ウエーダーを脱ぐ頃には、ローリング・ロックと書かれたグリーンのボトルが頃よく冷えているという算段。「転がる岩」と名づけられたペンシルバニア産のビールだ。

昨日とほとんど何も変わらない今日。おそらく明日も変わることはないだろう。朝起きると、折り畳みのバケツに川で汲んできた水で顔を洗う。朝いちばんなら、そんなに家庭排水も入っていないだろう。大丈夫か？　とも思ったが、実はこんなことは初めてではない。タスマニア島のハイランドでは、もっと濁った水を汲んで飲んでいたのだ。そろそろマスと同じ思考回路になりそうだと期待しているくらいだ。

キャンプ生活は質素。水もそうだし、そう贅沢はしない。だがフライフィッシングでマスを釣っていると、どんなに危なそうな生活をしている者にも、ローカルの人々は親切で、変わり者扱いはしない。毎日、集落の1軒だけのバーレストランで遅い昼食をとっていると、必ず誰かが声を掛けてくれて、ビールを奢ってくれることもあった。出会う釣り人たちの人のよさ。それは

テントの入り口から見える朝の景色。マスがいる川が流れる幸福感

ヒッチハイクをして乗せてくれたアルゼンチン、フエゴ島での出会い。釣りキャンプ旅で受けた、多くの親切を忘れることはないだろう

パタゴニアのシートラウト。たった数尾のために数十日を旅するも、コストパーフォーマンスなどはどうでもよくなる価値ある１尾

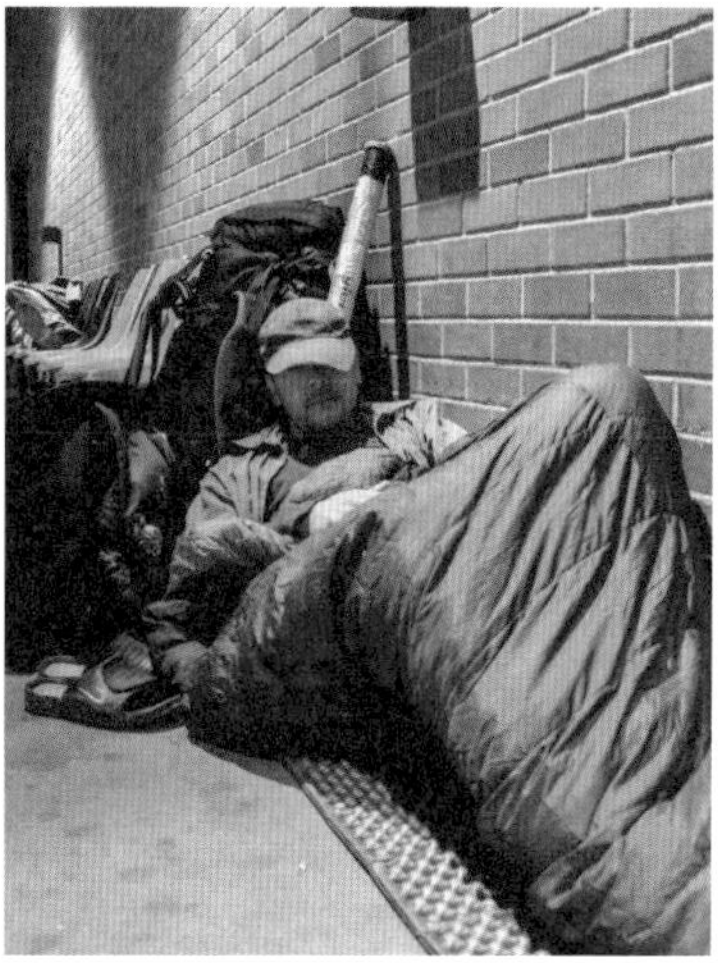

グレイハウンドのバス停留所で地元の人に紛れて夜を明かす

一人で長い旅を続ける私のような釣り人にとって、出会う魚たちと同様に、とても重要なことだった。そんな魅力と奇妙な安らぎに、思いがけず長居をしてしまう。

それが、もうこうしてはいられない、と感じたのは、ある雨上がりの夕暮れ時のことだった。見上げた空の様子が変化していることに、気がついてしまった。筋状のうろこ雲。それはまぎれもなく、秋の訪れを予感させるものだ。昨日とは違う空。心穏やかな日々が崩れることを意味していた。

このまま秋になったら、遠く北にあるアラスカはいったいどうなってしまうのだろう。着く頃には冬になるのではないか。旅は夏に始まって、順調に進めば秋のアラスカで終わるものだと、信じて疑うことはなかった。

この旅には大して明確な計画を立てていたわけではなかったが、少なくてもアメリカ本土は前座で、それは2～3週間で通過できるだろうと考えていた。ところが1ヵ月半以上経ってもカナダにさえ入国せぬまま、秋空を目撃してしまったのである。焦らないわけにはいかなかった。

このような長居は、何もビックホールに始まったことではなかった。日本から最初に入ったサンフランシスコでは、釣りには関係のない、ビートジェネレーションゆかりの地を歩き回ったり、『トラウトバム』の英語版を買ってカフェで翻訳したりと、およそ釣りキャンプ旅とは関係のない日々を過ごしていた。

北カリフォルニアのマックロードリバー、オレゴンのデシューツリバーでは、真夏のさなかで、思っていた以上に厳しい釣りの連続。必然的に、私の足は楽園を求めてモンタナへ向かうことになったという経緯。仮初、間に合わせの場所でしかなかったのに、まるで目的地であったかのように充実してしまっていたのであった。結局この年は、アラスカ南東部の島に渡って旅は終了する。

北緯70度、ツンドラの大地と沈まぬ太陽

秋に南東アラスカから日本に戻り、翌年の夏、ついに訪れたアラスカ本土、そして最北の荒野。目の前に広がるツンドラの北極平原を眺めながら、その風景に心を奪われた。アラスカへ来ることができたなら、ここだけは必ず来たいと、長いあいだ願った土地だった。そこはアメリカ大陸最北に位置するブルックス山脈の北側、ノーススロープまたはコースタル・プレーンと呼ばれるエリア。地肌むき出しの山脈、急峻な山々の北側は、コケや地衣類が地面を覆っているだけの、ツンドラの原野。なだらかな平原は北へと広がり、その先には北極海があるはずだった。フェアバンクスからシャトルバンに乗せてもらい、誰もいないキャンプ地でテントを立てて1週間近く過す計画。

我が極北のキャンプ地は、ガリブレイス・レイクという、ツンドラ平原の窪みにできた、周囲10㎞ほどの細長い湖の畔。湖には、アラスカでもっとも冷涼な湖に棲むイワナの仲間、レイクトラウトが生息しているということだった。

そこは白夜の世界でもあった。夜遅く着いたはずなのに、いつまでも日が沈まない。7月の終わり、太陽は1日を掛けて頭上をほぼ1周する。そのこと自体に、えらく感動した。まったく、なんという奇妙な世界なのだろうと。やはりアラスカは驚きの連続だった。

南東アラスカをはじめ、キーナイ半島の山岳部に沿岸部、ヒグマのブルックスリバー、北米最大の湖であるイリアムナ湖など釣りが出来るキャンプ地を回った。

釣り自体はよい時もあれば、悪い時もあった。海外の名釣り場といえども、時期を外せば、最高の釣りが約束されるわけではないことを身をもって体験した。

3年続けて、私はアラスカを回ることになった。4回の訪問を合わせると延べで8ヵ月。そのハイライトは、2006年のドリフトフィッシングだ。3年目の夏、南西アラスカの川を、小型のボートを使って1人で下ることにしたのである。

アラスカの中でも、道や集落のない本物のウィルダネスを釣るには一般的に、ラフトボートで、キャンプをしながら川を下る。ガイドを連れ添ってのコマーシャルトリップ(営業ツアー)もあれば、

仲間同士で企画するプライベートトリップもある。私はいつもながらにソロのプライベート。やりすぎじゃないか？　と自分でも感じたが、だからあまり人気がなく、危険すぎない川を選んだ。実際に、毎日同じようなツアーには出会い、最悪の場合に人に助けを求められるような川を選ぶことができた。

だがそれにしても、出発点の川の上流部にある湖へは、どうしても水上飛行機をチャーターしなければならない。事前に過去の片道料金が７００ドルほどなのを確認していたが、現地では高騰していて今年は片道で１３００ドルという。資金はいつものぎりぎり予算なのでその料金がどうにも捻出できない。

だが飛行機を格安料金でヒッチハイクできると聞き、無事に目的の川へと飛ぶことができた。もうそれだけでも大満足だった。そして旅は、気分が高揚していたことを差し引いても、感動の連続だった。野生の原野、周囲の風景、ヒグマ、狼の足跡、それにサケとマス。釣りは素晴らしかった。

原野の川旅

空気で膨らますインフレータブルカヤック、ＮＲＳ社のやや高価で丈夫なボートで、毎日川を下りながらキャンプし、そこに生息するサケやマスを釣って過ごす。

何日も同じ川で過しているうちに、今日が何日目だったのか、よく思い出せなくなってくる。旅を始めて今日が5日目だったか6日目だったか、あるいは木曜、それとも金曜日？　いずれにしても、曜日が分からなくても困りはしなかった。人間は曜日など知らなくても生きていける。

それよりもずっと気になるのは、どれも社会生活とはかけ離れたことばかりだ。たとえば、ある朝見かけたグリズリーベア。茶色いふさふさの毛並みで、若グマのようだった。グリズリーはようするにヒグマだ。ブラウンベアというのが通称。沿岸部に生息してサケを主食にするヒグマは、巨大に成長し、数百キロになるものも珍しくない。この連中には最大限に注意していたが、予想どおり、出会

モンタナ州メルロースのキャンプ場は２ヵ所を転々とした。こちらは民間のトイレ、水道付きの立派なほう

７月のビッグホールリバーでは、トライコとホッパーの釣りの素晴らしさに、思わぬ長居をしてしまうことに

いは少なかった。ベリーの季節に入っており、多くが丘の上で熟したブルーベリーをむさぼり食べてからだ。

　前日はヒグマではなく、狼の足跡を砂浜にみつけて興奮した。狼の姿はなかなかお目にかかれない。一昨日は巨大なビーバーの巣にも登ってみた。遠くの丘の上を歩くカリブーも見かけた。そして釣りあげたサケとマス。これは多すぎてどれほどの数だったか忘れてしまった。人家も道路もない完全なる原野、グリズリーや狼がいる大自然の中で生活することは、否応なしに極度の緊張を強いるものだ。やや大げさな言い方をすると、その日を無事に生きることが目的の生活、といえなくもなかった。

　もっとも、それは苦痛の日々などではなく、緊張と興奮の中にも楽しむ余裕は充分にあった。単純で忙しい生活ではあったが、こういうのを充実した日々というのかもしれないな、と感じるようになった。たとえば、ある一日はこうして過ごした。

　朝起きると、まずはテントの外をそっと観察する。襲われはしなくても、周囲をうろついているヤツがいるかもしれず、迂闊《うかつ》に飛び出すわけにはいかない。それにテントから離して保管してある食料やボートに被害はないだろうか。

　すべてが無事なのを知ると、外に出てウエーダーを履く。フロート・トリップではほぼ一日中、朝から晩までウエーダーを履いたまま過す。水場を歩き回ることにくわえて、地面も湿っていて天気も悪く、水や冷気をシャットダウンできるウエーダーは「普段着」に都合がよかった。頭には防虫ネットを被る。夜になると大人しくなる蚊も、暖かくなるとすぐにまた現われるだろう。

　コーヒーセットとオートミール、インスタントラーメンなどをベア・キャニスターという丈夫なコンテナから出し、テントから風下へ移動し、そこで朝食。ガソリンストーブに火をつけ、まずはお湯を沸かしコーヒーを入れる。テントから離れるのは、万が一のことを考えてのこと。テントに食べ物の匂いが付き、獣を近づけさせないためだ。

ようやくたどり着いたアラスカ。最北の山脈、ブルックスレンジの畔の湖でキャンプ。沈まない太陽、テントの外は別世界だった

　朝の一大作業は、キャンプの撤収。テント内のシュラフや衣類をそれぞれのコンプレッションバッグ、つまり圧縮収納袋に放り込み、ベルトを絞って小さく納める。エアマット、コッヘル、ストーブ、その他もろもろ。最後にテントとタープを防水バッグに収納すると、カヤック型のボートにしっかりくくり付ける。万が一、転覆しても荷物が流されないように。

　川下りそのものはさほど難しいことはなかった。川の難易度はもっとも優しい「クラスI」。緩やかな丘の合間を流れる

広大なツンドラ地帯にある唯一の道を歩く。走る車が極端に少ないので、ヒッチハイクも楽ではない

アラスカのマス、レイクトラウトを釣る。湖の流れ込みに何尾も大型が潜んでいた

巨大なブラウンベア。川の向こうから時折、こちらの様子をうかがっているが、逃げるでも襲うでもない、人間との不思議な関係が成り立っていた

川だから、ホワイトウオーターと呼ばれる激流は皆無だ。ただ、原野の川ゆえ、面倒な場面はあった。ボートは流れと同じように、右岸に左岸にぶつかろうとする。その先に現地で「スウィーパー」という倒木を発見したら、のんびりとはしていられない。その木にヘタな格好で引っ掛かればボートは転覆する恐れがある。運が悪ければ枝が突き刺さり、ボートを破いてしまいかねない。だから、下流にやばい木が見えたら、必死になって漕ぐのだ。幸い、ボートは軽くて応答性もよいから、青ざめるようなことは、めったにはなかった。

流れを下りながら、ここは、と思えるポイントが現われたら、ボートを岸に寄せる。何が掛かるのかは、ほとんどの場合釣ってみなければ分からない。ピンクかドリーか、それともコーホーかレインボーか。ここはサケではなくマスだろうと、サケの卵を模倣したビーズフライを6番ロッドでキャストすると、80㎝もありそうなコーホーが掛かり、リールがジージーと悲鳴をあげる。でかすぎる魚に大事なロッドが折られたら、私が悲鳴を上げることになる。

日によって釣れる魚の種類は違ったが、おおよそ10尾から20尾ほどを釣ると、その日は長々と釣り続けることはせずに移動に専念する。午後遅くなるまでには、キャンプに適当な場所を見つけておきたいのだ。

川には広い砂場の川原が随所にあり、キャンプはどこでもできたが、ここぞという場所が見つからない。どこもかしこもクマの足跡だらけ。しかもどれも新しいときている。足跡がない場所、つまりクマの散歩コースではない場所を選びたかったが、そんな場所はどこにもない。だから、見晴らしと風通しがよい砂浜を見つけたら、覚悟を決めて、一番目立つ場所にテントを設営することにする。広ければ、出会い頭に遭遇するという危険だけは、ないような気がする。

テント場が決まったら、晩御飯を作る。簡単なインスタントの米料理と、マッシュドポテト。それに缶ビール1本。川下りの旅は缶ビールのような贅沢品を持てることが素晴らしい。

ささやかな食事を終えると、暗くなる前にテント付近で最後の釣りを。朝と夕方はコーホーの時間。気性の荒いこのサケは、ドライフライにもアタックするほど、激しい反応を見せるのだ。ここでは水面のマドラーミノーにアタックしたオスを2尾釣った。食料は持参しており、魚を食べる必要はないのですべてリリースをする。

コーホーは別名8月のサケとも呼ばれる。アラスカのサケの中で、一番あとに遡上するサケで、だから川はシーズンの最後ということになる。まだ8月の終わりだったが、たしかにアラスカの南西部は、もう秋を迎えていた。すでに木々の葉はかすかに色づき始めている。

変わりゆく景色を眺めながら、一抹の寂しさを感じずにはいられない。何年もかけたアラスカの旅も終焉が近い。やがて川幅は広くなり、河口部が近いことを感じさせた。ベーリング海へそそぐ河口近くに小さなイヌイットの村があり、そこにたどり着けば、最寄りの町ディリンガムへの定期便がある。その先はアンカレッジだ。

次の旅へ。果てしない希望

秋のアラスカは、9月には大地が凍だし、すぐに冬が始まる。ちょうどそのころ、川にはスチールヘッドが遡上を開始する。そうだ、スチールヘッドの釣りに行こう、そう思い始めたのはこのフロート・トリップが終わったころだ。

秋の終わり、旅の終わり、釣り人生の最後を飾るにはふさわしい釣りだと、そう思ったのである。人もまばらになったキャンプ場に滞在して、川の景色や釣れるだろうスチールヘッドを想像して過ごそうと。

思い返してみれば、次なる旅を夢想することで、私の釣りキャンプ旅は続いてきた。一つの旅が終わると、新しい別の旅を夢見る。ここではない別の川、別の湖、違う国や島、あるいは以前とは違う季節。そして出会う人々。これまで旅先で受けた親切の数々、その人たちの顔が忘れられることはなかった。

ここではない違う場所、違う時期は、無限にある。北海道にも、海外にも。テントの外に、自分が夢見るマスたちが泳ぐ川があることを想像して眠りにつきたい。未知の世界に憧れるのは、そこが無限にあると信じることができるからだ。いつまでも続けていたい、そう思うからなのだ。

現代の日本人の一人として、そのような旅を続けることが可能な時代に我々は生きているのか、よくは分からない。だが、夢見たことを思い続けるだけの人生か、思いを遂げる人生なのかが、大きく違うことは誰にだって分かるはずだ。

いずれにせよ、私の旅はまだまだ続く。身体が動かなくなるその瞬間まで。それは確かなことに違いない。

婚姻色をまとったオスのドリーバーデン。海と川と往来するアラスカのイワナである

フロート・トリップ。キャンプをしながら川を下り、各所で釣りを楽しむ。準備と予行演習、レクチャーに情報収集と２年を費やして敢行

旅の終わりを感じさせる朝景色。空気は冷たくなり、日の出も遅くなってきた

タイプ	魚種	代表的なフィールド	1月	2月	3月	4月	5月	6月	7月	8月	9月	10月	11月	12月
湖	アメマス	阿寒湖、屈斜路湖、大雪湖、支笏湖、糠平湖、塘路湖、大沼、新冠湖、おけと湖、岩尾内湖、朱鞠内湖			可能	可能	良好	良好	可能	可能	可能			
	ニジマス	阿寒湖、屈斜路湖、支笏湖、洞爺湖、幌満湖			可能	可能	可能	良好	良好	可能	可能	良好	可能	可能
	イトウ	朱鞠内湖、阿寒湖、かなやま湖					良好	可能				可能	良好	
	サクラマス	洞爺湖、阿寒湖、支笏湖	可能	可能	可能			可能	可能					可能
	ブラウントラウト	支笏湖		可能	可能	良好	良好	良好	良好		可能	可能		可能
海	海アメマス	道南・道央日本海、道東太平洋岸、道北	可能	良好	良好	可能	可能		可能	可能				可能
	海サクラマス	道南日本海、道央、太平洋岸、道北		可能	良好	良好	良好	可能						
	カラフトマス	知床半島、道東沿岸、オホーツク海沿岸							可能	良好	可能			
	サケ	道内各地、オホーツク海沿岸など								可能	良好	良好	可能	

（薄い網）＝可能　（濃い網）＝良好

令和版北海道マス釣りチャート

タイプ	魚種	代表的なフィールド	1月	2月	3月	4月	5月	6月	7月	8月	9月	10月	11月	12月
渓流	ニジマス	全道各地、十勝川水系、尻別川水系、渚滑川、石狩川水系、オホーツク海沿岸河川、天塩川水系					可能	良好	良好	可能	良好	良好		
	エゾイワナ（アメマス）	全道各地、ダム湖の上流 主に独立河川 道南、オホーツク沿岸					可能	良好	良好	良好	可能			
	オショロコマ	大雪山系、日高山脈、天塩山地の山岳部						可能	良好	良好	可能			
	尺ヤマメ	道南地方の各河川、オホーツク海沿岸河川						可能	可能	良好	可能			
	ブラウントラウト	鳥崎川、尻別川水系、十勝川水系、新冠川水系					可能	良好	良好	可能	可能	可能		
本流	アメマス	道内各地の大川。尻別川、十勝川、後志利別川、釧路川、別寒辺牛川、湧別川、網走川など		可能	良好	良好	可能					可能	良好	可能
	ニジマス	十勝川水系、石狩川水系、オホーツク各河川、天塩川水系						可能	可能	可能	良好	良好	可能	
	イトウ	猿払川、天塩川、別寒辺牛川、空知川、十勝川、石狩川									可能	良好	良好	可能

＝可能　＝良好

あとがき

十勝の山中にある静かなプライベート・キャンプサイトでこの原稿を書いている。本全体の執筆や校正、写真の調整や打ち合わせに費やした時間の半分もここで行なった。大きなタープ型のシェルターに、竹製でできた机で原稿を書きながら、少し目をそらすだけで清冽な流れを見ることが出来る。正面の倒木の横にできた小さな淵で、ときおり水面の虫を食べるマスがライズしている。それを眺めるだけでも癒された。夜になると灯したランタンに飛び込む水生昆虫の観察も楽しい。釣りとキャンプの本を出すにあたって、これほど適した場所はなかったかもしれないなと思う。

縁があって素晴らしい私有地を自由に使わせてもらっている。シーズン中はここからフィッシングガイドに向かい、キャンプ生活はまさに日常にもなった。ガイドにまつわるよもやま話もたくさんあるが、それはまた別の機会にまとめてみたいと思っている。

それにしても、マス釣りキャンプ生活をするようになって40年、まさか50歳も半ばになって、20代の頃よりもさらにキャンプで生活する日が増えるとは思ってもみなかった。

なぜ釣りキャンプなのか。その答えの断片を本文に散りばめてきた。動機付けや得られるものについてはあえて書き足す必要はないだろう。だが私自身の簡単な答えもある。釣りキャンプ生活が好きだからだ。マス釣りと自然に囲まれた環境に、出来るだけ身を置きたいと思ってきたからだ。

マスたちが泳ぐ川や湖には、降るような満天の星空の夜もある。都会の暑さとは無縁の涼しい高原の朝もある。木漏れ日がまぶしい昼下がりもあれば、赤く染まった夕日が沈む地平線を見ることもある。キャンプをするということは、広がる自然の光景に身を置くということだ。かつての人類が当たり前に毎日眺めてきた光景の中で過ごすということだ。

そうした景色に心を強く揺さぶられるのは、我々が太古から養われてきた自然に対する感情が、キャンプの場で呼び起こされるからだろう。現代のこの時代が、あまりにも生きづらく、その生きづらさを忘れさせてくれるからだ。そして、自分がどう生きたかったのか、気づかせてくれるからだ。「場」と呼ぶべきものが、そうさせてくれるのだとしたら、ときおりでもその「場」に居合わせるのは不可欠なことではないのか？

釣りキャンプは癒しの世界ではある。それは間違いない。だがそれだけには留まらない。普段の我々の生活に、何か間違いはないか、不幸せになる方向へ進んでいないか。同じ価値を持つ仲間や友人はいるか。その気づきの原点にもなるはずなのだ。だから理想をいうならば、そこに友人や知人を引き込みたい。同じ感動を仲間として共有したい。キャンプと釣り、同じ世界を生きる仲間がいることが、自分の幸せにつながることを味わいたい。

自然が魅せる光景や、マスたちが伝える手応えに、嘘偽りはない。体験者は感性が呼び覚まされ、研ぎ澄まされ、身体も感情も、知らないうちに人本来の幸福感を呼び起こさせる。その余韻は世知辛い世の中を生きるためのエネルギーになるはずだ。シンプルな生活様式が、大切なものを気付かせてくれるに違いないのだ。私が何十年か掛かった気付きが、読者の多くの人にも同じであってほしいと願ってやまない。

この本は、『FlyFisher』『NorthAngler's』両誌に掲載されたエピソードが含まれるが、すべてを書き直し、再構成した。

最後に、本書を取りまとめていただいた小野弘氏に感謝申し上げる。氏の助言と、粘り強い対応がなければ、この本は完成することはなかった。また、若野利寛氏と真野秋綱氏には、『FlyFisher』『NorthAngler's』の両誌連載中にいつも励まされ、付き合っていただいた。滝大輔氏、八木健介氏、松郁龍亮氏にも同様にお世話になった。この場を借りて感謝申し上げたい。

また、元つり人社札幌支社長の故・若杉隆氏、コロナ禍で亡くなった母の勝子にも感謝したい。曲げることが出来ないわがままな私の生活が、このような形になったことを、きっと天国で喜んでいると信じている。

２０２３年６月

著者プロフィール
奥本昌夫（おくもとまさお）

北海道豊浦町出身。1969 年生まれ。1994 年から北海道を飛び出し、世界中をバックパック旅行。97 年からは北海道と海外とを往復しながら、トラウト・フライフィッシングを各地でキャンプをしながらの執筆活動に入る。当時は珍しかった、自撮り撮影で執筆をこなす奇妙な方法を生み出す。雑誌『NorthAngler's』『FlyFisher』などに20 年近くにわたり記事を掲載。現在はフィッシングガイドを中心に生計を立てて、川辺のキャンプを繰り返している。札幌市内か、世界のどこかの河原、湖畔に在住。ガイドのウェブサイトにて、北海道のマス釣り情報を発信中

公式ウェブサイト　https://www.fishcamp.jp
facebook アカウント　https://www.facebook.com/okumoto.masao
Instagram アカウント　https://www.instagram.com/fishcamp_okumoto/

FishCampLife 北海道《ほっかいどう》
アウトドアへの招待状《しょうたいじょう》～四季《しき》のキャンプとマス釣《つ》り旅《たび》～

2023 年 8 月 1 日発行

著　者　奥本昌夫
発行者　山根和明
発行所　株式会社つり人社

〒 101-8408　東京都千代田区神田神保町 1-30-13
TEL 03-3294-0781（営業部）
TEL 03-3294-0766（編集部）
印刷・製本　港北メディアサービス株式会社

乱丁、落丁などありましたらお取り替えいたします。

ISBN978-4-86447-721-5 C2075
つり人社ホームページ　https://tsuribito.co.jp/
つり人オンライン https://web.tsuribito.co.jp/
釣り人道具店　http://tsuribito-dougu.com/
つり人チャンネル（You Tube）　https://www.youtube.com/channel/UCOsyeHNb_Y2VOHqEiV-6dGQ